SÖNKE & WOTAN WILKE MÖHRING

RAUSCH UND FREIHEIT

ÜBER DAS LEBEN, DIE NACHT UND
DAS BRÜDERSEIN

Besuchen Sie uns im Internet:
www.knaur.de

Aus Verantwortung für die Umwelt hat sich die Verlagsgruppe
Droemer Knaur zu einer nachhaltigen Buchproduktion verpflichtet.
Der bewusste Umgang mit unseren Ressourcen, der Schutz unseres Klimas
und der Natur gehören zu unseren obersten Unternehmenszielen.
Gemeinsam mit unseren Partnern und Lieferanten setzen wir uns für eine
klimaneutrale Buchproduktion ein, die den Erwerb von Klimazertifikaten
zur Kompensation des CO_2-Ausstoßes einschließt.

Weitere Informationen finden Sie unter:
www.klimaneutralerverlag.de

Originalausgabe Mai 2022
Knaur Verlag
Ein Imprint der Verlagsgruppe Droemer Knaur GmbH & Co. KG, München
Alle Rechte vorbehalten. Das Werk darf – auch teilweise – nur mit
Genehmigung des Verlags wiedergegeben werden.
Aufgezeichnet von Christian Lütjens
Alle Fotos im Innenteil aus dem Archiv Sönke und Wotan Wilke Möhring
außer 12. und 16. Seite im Tafelteil von Ali Kepenek
Covergestaltung: Verlagsgruppe Droemer Knaur
Coverabbildung: Andreas Rentz/Getty Images
Satz: Adobe InDesign im Verlag
Druck und Bindung: CPI books GmbH, Leck
ISBN 978-3-426-28609-8

2 4 5 3 1

Unseren Eltern.

Inhalt

Anker 9

FREIHEIT 11
Aufwachen · *Indianerlauf* · Grenzmomente ·
Wirgefühl · Bilder · *Independence Day* · Welten ·
La Da Dee La Da Daa · Careless

RAUSCH 91
Daybreak · Deli · *Walk* · Don't Walk · *Shit Work* ·
Hard Work · *East* · West · *Dress Down* · Dress Up ·
Fierce · Club Kids · *American Road Trip* · Happy
End · *Whee-Whee-Whee* · After the Storm · *Rain* ·
Shine · *Von Ratten* · und Mäusen · *Go-go-Area* ·
No-go-Area · *Sex* · Drugs · *Free Sample* · Fear and
Loathing in New York · *Wachs* · *Save the Robots* ·
Walk II · *Don't Walk II* · Straight Talk · *Small Talk* ·
Mail · *C-A-L-L* · Uptown · *Downtown* · Vernissage ·
Finissage · Mess

RAUSCH & FREIHEIT 179
Abwarten · Alles offen · *Münzstraße* ·
Rausch · *und Freiheit*

Anker-Lichten 204

DANK 207

ANKER

Dezember 2004, Hamburg. Vor uns der weite schwarze Himmel über der Außenalster, hinter uns das hell erleuchtete weiße Schloss des Hotel Atlantic, wo gerade die Premierenfeier von »Cowgirl« tobte – dem ersten großen Kinofilm, in dem ich eine richtige Rolle spielte. Und das erste Projekt, bei dem ich zusammen mit meinem Bruder Wotan vor der Kamera gestanden hatte. Der saß jetzt neben mir. Auf einer Parkbank in der Kälte und sagte: »Ich hab ein Geschenk für dich.«

»Ein Geschenk?«

Ich war überrascht. Auch ich hatte vor der Premiere noch darüber nachgedacht, Wotan zur Feier unserer gemeinsamen Filmpremiere etwas zu schenken, letztlich aber nicht mehr geschafft, es zu besorgen. Ich musste schmunzeln. In Anbetracht der Tatsache, dass wir in unserer Kindheit und Jugend vergleichsweise wenig miteinander zu tun gehabt hatten, weil sich unsere sechs Jahre Altersunterschied doch bemerkbar machten, war es erstaunlich, wie ähnlich wir uns im Laufe der letzten 15 Jahre in vielen Belangen geworden waren – auch wenn wir noch immer grundverschieden blieben.

Der Dreh zu »Cowgirl« war ein gutes Beispiel für unsere Unterschiedlichkeit. Für mich, einen Neuling im Filmgeschäft, war er ein kleiner Kulturschock: auf der einen Seite die hoch professionelle Maschinerie einer großen Kinoproduktion, auf der anderen hoffnungslos chaotische Schauspielerkollegen, die sich schon vor Drehbeginn volllaufen ließen, Supermarkttüten voller Cannabis übers Set schleppten und sich vor laufender Kamera erst mal einen Joint genehmigten. Auch wenn mir solche Dinge aus dem Privatleben nicht fremd waren, kamen sie in einem solch professionellen Umfeld doch sehr unerwartet. Wotan dagegen, der schon viel mehr Erfahrung mit Filmdrehs hatte, beantwortete mein Befremden nur mit dem trockenen Kommentar: »Mach dir keinen Kopf darüber. Irrenhaus. Achte einfach nicht auf die anderen und konzentriere dich umso mehr auf dein Ding.«

So war es meistens bei uns. Wo ich zweifelte, war Wotan entschlossen, wo ich zögerte, handelte er, wo ich eher emotional reagierte, zeigte er sich praktisch. Aber jetzt saß er hier neben mir, auf dieser Parkbank an der Alster, wohin wir uns von der aus dem Ruder laufenden Premierenfeier geflüchtet hatten, und übergab mir ganz andächtig mein Geschenk: eine kleine Schatzkiste aus Holz, deren Deckel ein goldfarbener Anker zierte.

»Soll dich an die Zeit hier in Hamburg erinnern, an unseren ersten gemeinsamen Dreh«, sagte er und steckte sich eine Zigarette an. »Ein Symbol ist es natürlich auch. Anker, du verstehst schon.«

Klar, ich verstand. Und sagte »Danke«. Etwas Besseres fiel mir in diesem Moment nicht ein.

»Ich find's toll, dass du das mit der Schauspielerei jetzt auch machst«, sagte Wotan. Und nach einer kurzen Pause: »Bin stolz auf dich. Nicht nur wegen des Films. Wegen allem. War 'ne coole Zeit bis hierher.«

Ich nickte. Und lächelte. Während Wotan an seiner Zigarette zog und den Rauch in die kalte Dezembernacht über der Alster hinauspustete, schien mir für einen kurzen Augenblick alles wieder greifbar: der grenzenlose Freiheitsrausch unserer unvergesslichen Zeit in New York, die rastlose Aufbruchsstimmung unserer Kommunenjahre in Berlin, die Euphorie, die wir im Laufe der Jahre miteinander erlebt hatten, aber auch die stillen Momente, in denen wir uns inzwischen ohne Worte verstanden. Gedankenverloren zeichnete ich mit dem Zeigefinger die Umrisse des Ankers auf der Holzkiste nach, dann nahm ich meinen Bruder fest in den Arm. Er hatte recht. Wir hatten eine coole Zeit hinter uns. Aber auch eine wilde.

FREIHEIT

AUFWACHEN

Um ehrlich zu sein: Als ich den Prolog-Text zum ersten Mal gelesen habe, konnte ich mich anfangs nicht dran erinnern, dass ich Zeze (wie Sönke zu diesem Spitznamen – den man wie das »ZZ« von ZZ Top ausspricht – gekommen ist, dazu später mehr) diese Anker-Kiste geschenkt habe. Blöd eigentlich, denn das ist ja eine echt schöne Geste. Als ich das nächste Mal mit ihm telefonierte, gab ich zu, dass mir die Geschichte entfallen war. Da sagte er »Fuck you« und klang ein wenig enttäuscht. Meine blöde Direktheit tat mir sofort leid. In solchen Dingen bin ich leider etwas stoffelig, wenn auch ehrlich. Bei unserem nächsten Treffen brachte er die Kiste dann mit. Schönes Teil. Dunkles Holz, goldener Anker obenauf, Klappschloss aus Messing, und auf der Innenseite des Deckels steht in meiner Handschrift »Cowgirl, 2004«. Als ich das sah, fiel mir die Nacht an der Alster natürlich doch wieder ein. Manchmal brauchst du etwas zum Anfassen, um dich an Dinge zu erinnern. Überhaupt ist es interessant, wie unterschiedlich und individuell Erinnerungen funktionieren. Aber das ist hier nicht der Punkt. Hier geht es darum, dass der Anker das perfekte Symbol für das Verhältnis zwischen meinem Bruder und mir ist. Zeze mag sich an andere Dinge erinnern als ich, wir haben unsere eigenen Leben und eigenen Herausforderungen, aber letztendlich sind wir immer füreinander da, halten den anderen fest, wenn er abtreibt, lassen aber auch los, wenn er Freiraum braucht. Das ist unser Prinzip. Darum geht's. Wie bei einem Anker.

Bei Drehbüchern heißt es immer: Du musst die Geschichte in möglichst ein bis zwei Sätzen zusammenfassen können. Ich versuch das mal für dieses Buch: Es ist ein Brüderbuch – die Geschichte zweier ungleicher Brüder, die, jeder auf seine Art, ihre eigenen Grenzen ausloten und dabei den Wert des anderen erkennen – der weit über ein gewöhnliches Brüderverhältnis hinausgeht. So in der Art. Oder vielleicht auch ganz anders.

Etwas unkomplizierter könnte ich auch sagen: Es geht um Liebe. Nicht um besitzergreifende oder zielgerichtete Liebe im romantischen Sinne des Wortes, sondern um eine archaische, universelle Form menschlicher Verbundenheit, bei der Status und Alter keine Rolle spielen. Damit meine ich auch nicht den dahergesagten Blut-ist-dicker-als-Wasser-Quatsch, auch wenn da durchaus etwas dran sein kann. Es ist auch kein Brüderbuch im Sinne eines Männerbuchs, das feiert, was wir gemeinhin als maskuline Werte verstehen. Eher geht es darum, all diese Schubladen zu ignorieren, zu hinterfragen oder sie einfach gar nicht erst zu öffnen. Und es geht um die Offenheit, die daraus erwächst. Um das, was danach kommt. Was dann wiederum sehr viel mit dem Titel des Buches zu tun hat: Rausch und Freiheit sind begrifflich mindestens genauso vielschichtig wie die Liebe. Es sind die Worte, in denen sich diese Liebe offenbart.

Manchmal brauchst du ein Gegenüber, um Dinge richtig zu begreifen. Das kann eben auch der jüngere Bruder sein. Begonnen hat der Weg zu dieser Erkenntnis erstaunlicherweise nicht in unserer Kindheit, nicht in unserem Elternhaus in Herne, wo wir aufgewachsen sind. Er begann 6000 Kilometer davon entfernt. In New York. Deshalb spielt diese Stadt in diesem Buch eine wichtige Rolle – ein Ort, der mehr für uns ist als eine geografische Koordinate oder berühmte Metropole. New York ist ein Gefühl, eine Haltung, vielleicht ein Rausch an sich. Und ein Teil von uns beiden. Für immer.

Als ich 1986 zum ersten Mal nach New York kam, war ich 19, Punk und brannte innerlich lichterloh. Ich hatte die letzten Jahre meines Lebens damit verbracht, in Proberäumen rumzubrüllen, in Clubs Pogo zu tanzen und leidenschaftlich dagegen zu sein. Der stinkende, stickige, lärmende Moloch, der diese Stadt damals noch war, passte perfekt zu dieser Haltung. New York schien nur auf mich gewartet zu haben. Ich kann mich nicht erinnern, dass ich auch nur eine Sekunde überfordert gewesen wäre von dem unablässigen Gehupe, Gedränge und Sirenengeheul, das mich, den Jungen aus dem Ruhrgebiet, bei meiner Ankunft empfing. Eher war das Getöse ein Spiegel meines Innern, das Chaos, das ich seit Jahren sowieso lebte und suchte.

Damals dachte ich noch, dass diese Unruhe mein ureigenes Ding war und es nichts mit meiner Herkunft und Familie zu tun hatte. Das stimmte natürlich nicht. Familie trägt man immer auf irgendeine Weise mit sich herum, ob man will oder nicht. Doch meine kam mir zum damaligen Zeitpunkt sehr weit weg vor. Das fand ich gut so. Ich wäre in diesem Augenblick nie auf die Idee gekommen, sie auch nur gedanklich über den Atlantik zu holen. Fünf Jahre später begegnete ich ihr trotzdem inmitten des New Yorker Molochs. In Gestalt meines Bruders Sönke.

In der Kindheit und Schulzeit hatte ich ein Verhältnis zu Sönke gehabt, wie man es eben mit einem fast sechs Jahre Jüngeren hat. Die Gemeinsamkeiten lagen so weit auseinander wie unsere Entwicklung und Interessen. Aber in New York wandelte er sich von meinem kleinen Bruder, der noch nach unserer Schwester geboren worden war, zu dem einzigartigen Menschen, der er heute für mich ist. Das klingt jetzt wahrscheinlich geheimnisvoller, als es war, aber eine gewisse Magie steckte tatsächlich drin, jene Magie, von der auch dieses Buch handelt. Doch ich fange lieber mal ganz von vorne an.

Es gibt viele Menschen, die haben gerne eine Anleitung fürs Leben. Die ziehen Befriedigung daraus, in einem eher überschaubaren vorgegebenen Rahmen ihren Aufgaben gerecht zu werden, und haben keine Lust, alles selbst zu entdecken und zu entscheiden. Vielleicht sind solche Menschen sogar in der Mehrzahl und am Ende glücklicher, trotzdem gehörte ich nie dazu. Laut meiner Mutter war das erste Wort, das ich als Kleinkind sprechen konnte, »Selva«. Nicht »Mama«, nicht »Papa«, sondern »Selva«. Damit meinte ich wohl »selber«, was meine Eltern als Sinnbild dafür empfanden, dass ich schon als Kind immer alles selbst machen wollte. Soweit ich mich erinnere, bin ich mir darin treu geblieben.

Nach meiner Geburt in Augustdorf bei Detmold und einer Zwischenstation in Unna, wo ich in den Kindergarten und später die Schule kam und wo Sönke geboren wurde, zogen wir nach Herne, in ein etwas abgelegenes altes Fachwerkhaus, das erst als Bauernhof und dann als Gutshaus gedient hatte, und jetzt ein Wohnhaus war. Da war viel Platz, rundherum Freiheit, keine Nachbarn – ein Glückslos und endlich ein eigenes Zimmer. Ich war beim Umzug schon zwölf, trotzdem liegt dort meine gefühlte Heimat, oder zumindest der Ort, den ich angebe, wenn ich gefragt werde, wo ich herkomme. Das hatte mit dem Haus zu tun, in das wir zogen. Wenn du vor die Tür tratst, warst du direkt im Wald. Nah dran an den Elementen, dem Wetter, den Jahreszeiten, dem Kreislauf des Lebens. Das hat mich geprägt. Für immer. Ich hatte früh den Ort gefunden, der meinem tiefsten Innern am meisten entsprach. Das habe ich stets als Privileg empfunden und bin meinen Eltern unendlich dankbar, dass sie es gewagt haben, mit vier Kindern die drohende Spießigkeit des Reihenhauses, das damals der Arbeitgeber meines Vaters zur Verfügung gestellt hatte, zu verlassen und in die Natur zu ziehen.

Als Jugendlicher ging ich im Sommer viel mit einem unserer großen Hunde, einem Irischen Wolfshund, in den Wald, legte mich auf die Wiese oben am Feld, den Kopf auf dem Hund abgestützt, und las stundenlang. Lauter Bücher, die man in dem Alter halt so verschlingt: »Narziss und Goldmund«, »Die große Flatter«, »Der Fänger im Roggen« und andere Young-Adult-Klassiker. Wenn ich einmal angefangen hatte, konnte ich nicht mehr aufhören zu lesen. Dann war ich nicht mehr auf der Wiese, dann war ich unterwegs. Ein gutes Buch ist wie eine Reise. Nicht nur in die Welt der Romane, auch ins eigene Innere. Hatte ich die

Geschichte ausgelesen, war das wie ein Aufwachen in einem anderen Leben. Ich kam zu mir, legte das Buch weg und merkte auf einmal, dass die Sonne weitergewandert und die Luft kühler geworden war, das Licht sich verändert hatte und ich das alles gar nicht selbst erlebt hatte. Dann ging ich durch den aufziehenden Abendnebel mit dem Hund zurück nach Hause und dachte darüber nach, was alles möglich war im Leben. Und wie weit die Welt war. Obwohl ich ein gutes, liebevolles, traumhaft mitten im Wald gelegenes Elternhaus hatte, ahnte ich, dass mir das nicht reichen würde. Ich musste diese große Welt sehen.

In der Schule lernte ich einerseits, was uns gemäß Lehrplan beigebracht wurde. Aber auch dort wurde ich immer ermutigt, meine eigene Sicht der Dinge zu entwickeln. Mich trieb schon damals ein eher impulsiver Wissensdrang an. Aus jeder Antwort auf das Warum ergaben sich weitere Fragen. Ich lernte gerne, schnell und bekam selten genug. Was kommt danach? Und danach? Und so weiter ... Dass ich keine schulischen Probleme hatte, hieß also nicht, dass ich mich in der Schule gelangweilt hätte. Wenn ich etwas nicht verstand, fragte ich die Lehrer.

Meinen eigenen Kindern sage ich heute immer: »Frag so lange, bis du es verstehst.« Manchmal antworten sie mir dann, dass sie lieber den Mund halten, als sich mit einer peinlichen Frage lächerlich zu machen. Ich versuche trotzdem, sie zum Fragen zu ermutigen, denn ich habe nie verstanden, warum das peinlich sein soll. Das sind höchstens die Antworten. Mir ist aber auch klar, dass ich mit meinen Lehrern und Eltern Glück hatte. Sie ergänzten sich gut. Vielleicht, gerade weil sie auf den ersten Blick nicht zueinanderpassten. Es war eine eher ungewöhnliche Konstellation, dass ausgerechnet wir, die Kinder einer Hausfrau und eines ehemaligen Berufssoldaten, alle vier auf die Hiberniaschule gingen, eine Waldorfschule. Bei uns zu Hause waren weder Fernsehen noch Spielzeugrevolver tabu, aber in der Schule wurden wir ganz im Geiste der Anthroposophie unterrichtet.

Die Idee der Waldorfschule kam von meiner Mutter. Sie

schätzte die freiheitlichen Aspekte der anthroposophischen Lehre, bei der es eben nicht nur um die Entwicklung des Denkens ging, sondern darum, jeden Einzelnen in seiner Gesamtheit zu fördern. Der Mensch ist mehr als nur sein Kopf. Sie hatte in der Küche sogar ein ausgerissenes Rudolf-Steiner-Zitat an die Wand gepinnt. Es lautete: »Leben in der Liebe zum Handeln und leben lassen im Verständnisse des fremden Wollens ist die Grundmaxime des freien Menschen.« Mit anderen Worten: Freiheit ist auch immer die Anerkenntnis der Freiheit anderer. Daran orientierte sich wohl auch mein Vater. Jedenfalls war er aufgeschlossen genug, die anthroposophische Pädagogik zu akzeptieren und die Entscheidung, seine Kinder auf die Waldorfschule zu schicken, mitzutragen. Im Hinblick auf seine eigene Kindheit und Schulzeit und seine sonst sehr konservativen Ansichten war das nicht unbedingt selbstverständlich. Eine mutige Entscheidung.

Diese Freiheitsgedanken machte ich mit 17 zum Treibstoff meiner ganz persönlichen Rebellion. Über einen Freund aus der Schule lernte ich die Punk-Band Störaktion kennen. Die hatte einen Probenraum im Keller unter einer Kirche, weil eins der Mitglieder der Sohn des Pfarrers war. Dort gingen mein Freund und ich jetzt regelmäßig hin. Zum Abhängen, Rumbrüllen und Pogen, für den ersten Bierrausch und die ersten Zigaretten. In der Punkmusik erkannte ich jene Wildheit wieder, die für mich schon immer wesentlich gewesen war. Endlich ein Ventil für die Mischung aus Krach, Aufruhr und Leidenschaft in mir. Das hatte nichts mit den Gammel-, Siff- und Bettel-Punks aus der Fußgängerzone zu tun, die ich nie so richtig verstanden habe. Ein System zu verachten und gleichzeitig um dessen Brotkrumen zu betteln, fand ich absurd. Aber die Gesellschaft und sich selbst immer wieder aktiv infrage zu stellen und das auch jedem zu zeigen, trieb mich um. Warum sind wir, wie wir sind? Warum ist die Gesellschaft so, wie sie ist? Warum soll man bestimmte Wege gehen und andere nicht? Nachdem ich mich mit den Bandmitgliedern angefreundet hatte, brüllte ich irgendwann auch bei ein paar Songs ins Mikro und fuhr mit Störaktion zu Konzerten bis nach Holland, Italien und natürlich zu all den Orten im Pott. Ernsthafte musikalisch-künstlerische Ambitionen hatten wir dabei allerdings nicht wirklich. Es ging nur darum, sich voll und ganz in dieser Energie aufzulösen und gleichzeitig wiederzufinden.

Meinen Eltern bereitete mein Feldzug gegen die Gesellschaft dann doch irgendwann Kummer. Über meine blauen Haare, zerrissenen Klamotten und programmatischen Provokationen sahen sie hinweg, verstanden sie anfangs als Abnabelungsprozess. Doch als meine Mutter zur Krisensitzung in die Schule beordert wurde, in der sie auch noch im Büro gearbeitet hat und überall sehr geschätzt wurde, weil ihr Zweitgeborener wegen Prügeleien, geknackter Autos und Hehlerei in der Schule aufgefallen war, war selbst ihr Gleichmut erschöpft. Sie sorgte sich sehr in dieser Zeit, was mir rückblickend sehr leidtut. Zur Strafe wurde ich sogar mal eine Woche vom Unterricht zwangsbeurlaubt. Auf einer Waldorfschule! Das musst du erst mal hinkriegen. Es gab allerdings immer ein paar Lehrer, die mich nicht aufgaben und meiner Mutter gut zuredeten. Sie ahnten, dass ich einfach zu viel Energie hatte, die irgendwie rausmusste, weil sie sonst nicht genutzt wurde, und appellierten geschickt an mein Gewissen. Trotz allem vertrauten mir mein Vater und meine Mutter irgendwie, und ich wusste stets, dass ich mit allem zu ihnen kommen konnte. Nachdem ich mich eine Weile abreagiert hatte, wirkte diese Haltung positiv auf mich. Verbiegen ließ ich mich trotzdem nie. Das war auch von meinen Eltern gewollt.

Am Ende erkannte ich, dass mein Weg nicht dahin führte, wo ich hinwollte, und ich meinen eigenen Grundsätzen von Solidarität, Gleichheit und Respekt zuwiderhandelte. Denn für mich ging es beim Punk auch darum, Dinge besser zu machen. Aber wie? Während ich über diese Frage nachdachte, beschäftigte ich mich viel mit Anarchismus, den philosophischen Grundlagen der Herrschaftsfreiheit. Überhaupt faszinierte mich Philosophie von da an, ich stellte mir die ganz großen Fragen: Was ist Sinn? Was Wahrheit? Was ist wirklich richtig? Entscheidet letztlich nur der Standpunkt über den Blick auf die Dinge? Hat wirklich *alles* zwei Seiten? So waren wir Punks zum Beispiel aus Prinzip gegen Polizisten, aber nachdem wir natürlich ein paarmal mit welchen zu tun gehabt hatten, musste zumindest ich mir eingestehen, dass es auch bei denen welche gab, die okay waren. Umgekehrt fiel mir auf, dass in der Punkszene ein paar Gestalten rumliefen, die irgendwann ihren eigenen Leuten Kleidungs- und Sprachvorgaben machen oder den Kontakt zu den aus ihrer Sicht falschen Personen unterbinden wollten. So etwas erschien mir als das genaue Gegenteil meiner Weltverbesserungs- und Freiheitsgedanken. Was sollte das? Waren wir doch nicht besser, sondern standen einfach nur auf der anderen Seite?

Das Ergebnis meiner inneren Diskussion solcher Fragen war eine schlichte Erkenntnis, die mir bis heute hilft: Es geht nicht darum, was ein Mensch für einen Beruf hat, ob er bei der Polizei, in einer Bank, der Politik oder am Fließband arbeitet, wo er herkommt, geboren ist, wie er sich kleidet oder woran er glaubt. Es geht einzig und allein darum, ob er ein Arschloch ist oder nicht. Nur weil du Soziologie studierst, bist du noch lange kein guter Mensch, und wenn ich mich zwischen einem reaktionären Soziologen und einem liberalen Polizisten entscheiden müsste, würde ich mich jetzt wahrscheinlich für den Polizisten entscheiden. Genau das habe ich inzwischen ja irgendwie sogar getan mit der Rolle des Hauptkommissars Thorsten Falke im »Tatort« – bei dessen Entwicklung als Figur ich tatsächlich prägende Momente meiner Punk-Zeit habe einfließen lassen.

Bevor das jetzt aber missverständlich rüberkommt: Ich bin von meinen Punk-Idealen im Grunde nie abgerückt. Einige frühere Bekannte wurden später totale Spießer und sagten,

Punk sei für sie nur eine Phase gewesen. Das habe ich nie verstanden. Für mich ist Punk eine Haltung, hinter der ich bis heute stehe. Zwar habe ich nicht mehr das Gefühl, sie durch dauernde Provokationen unterstreichen zu müssen, aber Nonkonformismus, Anarchismus und das ständige Hinterfragen von gegebenen Strukturen sind für mich immer noch relevant. Und dieses unvergleichliche Gefühl, mich der Energie von Punkmusik hinzugeben und mit ihr verglühen zu wollen, werde ich sowieso bis ans Ende meiner Tage in mir tragen. Die werden sie alle bei meiner Beerdigung ertragen müssen. Wer einmal brennt, brennt immer.

Und dann kam Amerika. An der Hiberniaschule gab es die Besonderheit, dass die Schüler nach der Mittleren Reife eine zweijährige Lehre machten, und erst danach in zwei weiteren Schuljahren das Abitur. Insgesamt gab es also vierzehn Schuljahre. Bei der Lehre, die mit einem Gesellenbrief endete, konnten wir aus fünf verschiedenen Berufen wählen: Schlosser, Tischler, Elektriker, Schneider, Kinderpfleger. Ich entschied mich für Elektriker. Das kannst du immer gebrauchen, dachte ich. Stimmt auch.

Die Voraussetzung, um an unserer Schule zum Abitur zugelassen zu werden, war neben der Mittleren Reife und eben dieser abgeschlossenen Lehre, dass wir ein Praktikum in einer sozialen Einrichtung machen mussten. Eine Liste empfahl uns verschiedene Stellen, die meisten lagen in der Umgebung – Marienkrankenhaus Gelsenkirchen, Altenpflegeheim Castrop-Rauxel, Lebenshilfe Recklinghausen und so weiter. Aber es standen dort auch ein paar Einsatzorte im Ausland. Einer davon war Camphill Village, eine Art anthroposophisches Selbstversorgerdorf, wo Co-Worker und Menschen mit sogenannten Einschränkungen zusammen in Familien lebten und arbeiteten. Das Village lag in Copake, einer Kleinstadt am Fuße der Catskill Mountains, Columbia County, im Bundesstaat New York.

Dort wollte ich mein Praktikum machen. Und zwar nur dort! Das tat ich.

Von den Ereignissen und Erfahrungen dieser Reise im Sommer 1986 zu erzählen, würde zu weit vom Thema dieses Buches wegführen – der besonderen Zeit dieser zwei Brüder, die noch fünf Jahre entfernt lag. Trotzdem stellte meine erste Amerikareise die Weichen für Zezes und meine Begegnung in New York. Ohne dass ich es damals auch nur im Geringsten geahnt hätte.

INDIANERLAUF

Als Wotan von seiner Amerikareise zurückkehrte, war er total verändert. Vorher hatte ich ihn mir gegenüber als verschlossen wahrgenommen, er schien schwer zugänglich fürs Familienleben und damit auch für mich. Gefühlt suchte er immer die Kontroverse. Um diese Rebellion nachvollziehen zu können, war ich damals entweder zu friedliebend oder zu jung. So fehlte mir der Zugang zu meinen großen Brüdern, denn auch Hauke prügelte sich damals ab und zu. Ich als Jüngster wollte einfach Frieden bei uns zu Hause. Den konnte es nicht geben, wenn zwei Familienmitglieder ihn – ob nun bewusst oder unbewusst – ständig störten. Stattdessen gab es gelegentlich Streit und schlechte Stimmung. Nichts davon gefiel mir, also mochte ich auch den Krawall nicht. Zumal ich vielen Diskussionen, die damals bei uns geführt wurden, gar nicht folgen konnte.

Rückblickend finde ich interessant, wie souverän unser Vater mit der Situation umging. Allgemein waren die Erziehungsmethoden damals ja noch etwas ruppiger. In anderen Familien wäre Wotan wahrscheinlich rausgeflogen, aber bei uns wurde das nicht mal angedroht. Ich glaube, mein Vater fand den gesellschaftspolitischen Ansatz der Punk-Provokationen sogar interessant. Das brachte ihn ins Grübeln und ließ ihn anfangen, über das Steiner-Zitat an unserer Küchenwand etwas genauer nachzudenken – über Toleranz und die Akzeptanz Andersdenkender. Da Wotans Schulnoten trotz seiner Antihaltung mehr als gut blieben, wurde er lediglich ermahnt, nicht bestraft.

Jedenfalls fand ich toll, dass Wotan aus Amerika statt neuen Kontroversen Freude und echte Begeisterung mitbrachte. Mit leuchtenden Augen saß er da und redete wie ein Wasserfall. Wie er mit einer Gruppe Hippies durchs Land gereist war, dass San Francisco in echt genauso aussah wie in »Die Straßen von San Francisco« und wie er beim Praktikum in Copake seine Verständigungsprobleme und Befangenheit im Umgang mit Menschen mit Handicap überwunden hatte. »Erst haben die mich total verunsichert, aber am Ende habe ich sie geliebt«, rief er. Das blieb bei mir hängen. Ebenso seine Schilderungen des Camphill-Village und des amerikanischen Landlebens, der Arbeit auf dem Feld und mit den Tieren. Ob, oder was er damals über New York erzählte, weiß ich gar nicht mehr. Vielleicht hat mich das auch noch nicht so richtig interessiert. Ich war dreizehn und gerade erst dabei, die Schwelle vom Kind zum Teenager zu überschreiten. Allerdings sehr allmählich. Meine Kindheit war gut gewesen, ich hatte keine Eile, sie hinter mir zu lassen. Ich fühlte mich noch ganz wohl in der Welt, die ich kannte. Und die bestand nicht aus Wolkenkratzern, Verkehrsstaus und Straßenschluchten, sondern aus den Wäldern, die unser Haus umgaben.

In eins meiner frühen Zeugnisse, in dem noch keine Noten, sondern nur Beurteilungen standen, schrieb meine Klassenlehrerin: »Wenn Sönke von zu Hause erzählt, verwandelt sich das Klassenzimmer in einen Wald.« Dieser Satz bringt meine Begeisterung für die Natur auch heute noch auf den Punkt. Mit schönen Landschaften kriegt man mich. Die Faszination, die mich als Kind packte, wenn ich die stimmungsvollen Bergpanoramen am Klopeiner See betrachtete, wo wir im Sommer öfter Urlaub machten, hat mich über die Jahre nie verlassen. Egal ob ich in der unglaublichen Landschaft der kanadischen Howe-Sound-Bucht gedreht habe, in Chile oder Thailand, oder ob ich einfach nur zu Hause in Berlin durch den Grunewald wandere – sie kommen immer wieder, die Momente, in denen ich stehen bleibe, innehalte und einfach nur die Schönheit der Natur genieße. Ich bin offenbar ein visueller Typ. Anblicke, die ich mir einmal einpräge, bleiben in meinem Kopf. Ich muss sie nur abrufen, dann ist auch gleich wieder eine Atmosphäre, ein Geruch, ein Gefühl da. Diese Fähigkeit kann bei der Schauspielerei manchmal sehr hilfreich sein.

Warum ich das erzähle, hat allerdings weniger mit dem Job oder mit Wotan und Amerika zu tun als mit dem Titel dieses Buches. Beziehungsweise mit dem Stichwort »Rausch«. Der Begriff wird häufig als Erstes mit Party, Drogen und Wegballern assoziiert, was nachvollziehbar ist, aber der Bedeutungsvielfalt von Rausch nicht gerecht wird. Es gibt den Rausch der Geschwindigkeit, den Rausch der Bilder, den Rausch, den Schamanen durch Tanzen, Feuer und Rituale herbeiführen, und so weiter. All das hat nichts mit Betäubungsmitteln zu tun. Im Gegenteil. Statt der Vernebelung der Sinne geht es um ihre Erweiterung – aus der dann häufig ein Gefühl von Freiheit und Lebendigkeit erwächst. Ich bin der Meinung, dass ich das schon früh, lange bevor ich mit Wotan im großen Stil Rausch und Freiheit ausgelotet habe, erkannte – und zwar in der Natur.

Als Kind spielte ich mit einem ebenso naturbegeisterten Freund ein Spiel: Indianerlauf. Wir warteten, bis es dunkel wurde, um dann mit Vollgas durch den dunklen Wald zu rennen. Nicht geschlichen, sondern wirklich gerannt. Egal, wie uneben der Boden war, ob dort Äste, umgestürzte Bäume, knorriges Wurzelwerk, Sträucher oder Löcher warteten: Es wurde gerannt. Dabei ging es nicht darum, wer schneller war, sondern nur darum, es zu schaffen, im Dunkeln nicht gegen einen Baum zu knallen. Beim Laufen durch Dickicht und Buschwerk hatte ich das Gefühl, eins zu werden mit der Natur, mit meinen Instinkten. So mussten sich Tiere fühlen, wenn sie durchs Unterholz jagten. Das Gefühl, auf mein Inneres zu hören und auf mich selbst zu vertrauen, löste in mir eine totale Befriedigung aus. Deshalb liebte ich unsere Indianerläufe. Da steckte alles drin: Herausforderung, Konzentration, Bewegung, Draußensein. Gefahr natürlich auch, denn manchmal stand eben doch ein Baum im Weg, den wir im Dunkeln übersahen. Das konnte schmerzhaft werden. Aber wenn ich alle Sinne voll anknipste, klappte es in der Regel ohne Zusammenstöße. Dann folgte ich blind meinem inneren Kompass und bekam beim Rennen das

Gefühl, eins zu werden mit meinen Instinkten. Wie ein Tier. Am Ende war ich außer Atem und spürte das Pochen meines Herzens im Hals, aber ich war hellwach, ganz klar und regelrecht high, weil ich mich so lebendig fühlte. Vergleichbare Adrenalinkicks hatte ich manchmal auch beim Sport oder wenn ich mit dem BMX-Rad durch den Wald heizte. Aber Indianerlauf war das Größte. Das war Rausch in seiner ursprünglichsten Form. Heute würde ich das wohl nicht mehr in dieser Unbefangenheit machen. Trotzdem sind Instinkte noch immer ein wesentlicher Teil der Art, wie ich das Leben wahrnehme und bewältige. Im Grunde sind sie mein verlässlichster Ratgeber – egal, ob es berufliche oder zwischenmenschliche Angelegenheiten betrifft.

Es gab noch ein anderes Spiel. Dabei ging's um das Überwinden von Angst und Schockmomenten. Mit demselben Freund, mit dem ich nachts durch den Wald rannte, schob ich mir an regnerischen Nachmittagen, wenn das Rausgehen eh keinen Spaß machte, manchmal Gruselgeschichten hin und her. Auch das führte zu einer Art Überschärfung der Sinne. Nachdem wir eine Weile erzählt hatten, wurden wir unglaublich schreckhaft und zuckten bei jedem unerwarteten Geräusch zusammen. An einem dieser stürmischen Gruselnachmittage kam ich, nachdem der Freund nach Hause gegangen war, zurück in mein Zimmer. Exakt in dem Moment, als ich durch die Tür trat, pfiff eine Windböe ums Haus, deren Wucht mit einem Knall die grünen Fensterläden zuschlug. Im ersten Moment erstarrte ich, erschrocken durch den Krach und die plötzliche Dunkelheit im Raum, im nächsten atmete ich tief ein, lauschte der Stille nach dem Knall und zwang mich selbst zur Ruhe. Und dann erbebte auf einmal die Welt. Auf den grellen Krach der zuklappenden Fensterläden folgte ein dröhnendes Poltern, das sich für einen Augenblick so anfühlte, als würde unser komplettes Haus erzittern. Es war nur ein Schlag – dumpf, donnernd, mit einem sirrenden Nachklang –, aber er bewirkte, dass mir endgültig das Herz in die Hose rutschte. Seltsamerweise blieb ich trotzdem stehen. Und wartete, bis das Sirren verklungen war. Dann knipste ich das Licht an. Und stellte fest, dass das welterschütternde Beben nichts weiter gewesen war als der Aufprall meiner Ukulele, die beim Zuschlagen der Läden vom Fensterbrett auf den Boden gefallen war.

Das mag nach einer unspektakulären Geschichte klingen, aber oft sind es die kleinen Erfahrungen, die sich am meisten ins Gedächtnis eingraben. Für mich war das damals der Moment, in dem ich merkte, wie gut es ist, sich bewusst der eigenen Angst zu stellen. Unbewusst hat mich mein Bruder darin vermutlich bestärkt. Er sagte schon damals immer: »Alles, was uns Angst macht, müssen wir kennenlernen, denn was wir kennen, macht uns keine Angst mehr.« Ich glaube, genau das begriff ich intuitiv beim Donner der Ukulele. Deshalb lief ich nicht weg, sondern blieb stehen, um der Ursache des Schrecks ins Auge zu blicken. Später suchte ich förmlich nach solchen Momenten des Unbekannten und Unerwartbaren. Nicht aus Leichtsinn, sondern um des bewussten Unerschrocken-Seins willen. Das führte dann auch dazu, dass ich beispielsweise ziemlich häufig bei Unfällen Erste Hilfe leistete. Das zu tun, war und ist für mich eine Selbstverständlichkeit, während manch andere Zeugen eines Unfalls es manchmal gar nicht können, weil sie selbst vor Schreck in Schockstarre verfallen, oder Angst haben, etwas falsch zu machen. Diese Sperre hatte ich nie. Vielleicht, weil ich schon früh bewusst geübt habe, meine Ängste zu überwinden.

Heute, wo wir die Steuerung unseres Handelns ständig virtuellen Hilfsmitteln überlassen, frage ich mich manchmal, ob uns dadurch der Zugang zu unseren Instinkten abhandenkommt. Auch das Zutrauen in die eigene Urteilskraft wird, denke ich, nicht gefördert dadurch, dass das Formulieren eines eigenen Standpunkts in Internetforen immer gleich fünfzig Gegenmeinungen auf den Plan ruft. Dabei wäre instinktives Handeln den Lösungen der derzeitigen Probleme der Welt sicher manchmal zuträglicher als langwieriges Abwägen und Taktieren. In der Erziehung von Kindern halte ich es sowieso für wesentlich. Bei meinem neunjährigen Sohn versuchen meine Frau und ich, sein Handeln, soweit möglich, im Sinne der elterlichen Fürsorge zu steuern. Trotzdem ist uns klar, dass er eigene Entscheidungen treffen muss, wenn er irgendwann selbstständig urteilen soll. Er muss sich ausprobieren, eigene Wege gehen, auch mal Fehler machen. Wenn ich ihn beobachte, erkenne ich manchmal mein jüngeres Selbst in ihm wieder. Gerne würde ich ihn vor ein paar Hürden, die die Teenagerzeit mit sich bringt, bewahren. Aber ganz ohne Irrwege geht das Erwachsenwerden wahrscheinlich bei niemandem vonstatten.

Was mich betrifft, dauerte es nach Wotans euphorisierter Rückkehr aus Amerika noch ein paar Jahre, bis ich meinen eigenen Stil und damit auch den Zugang zu meinem Bruder fand. Meine ersten Partys in familiärer Begleitung verbinde ich noch mit meiner Schwester. Wiebke stand mir in der Kindheit und frühen Jugend von allen drei Geschwistern nicht nur altersmäßig am nächsten. Mit ihr spielte ich am meisten, ihr vertraute ich mich am ehesten an, und als wir ins Partyalter kamen, gingen wir auch mal zusammen aus. Das war allerdings eher ein Austesten als echtes Feiern. Wir waren zum Beispiel mal in der Bhaggy, einer in den Achtzigern sehr angesagten Bhagwan-Disko in Düsseldorf, die mit ihrer Mainstream-Musik und den überstylten Gästen allerdings nicht mein Fall war. Einmal wollten wir auch zum Music Circus Ruhr, einer riesigen Großraumdisko in einem Zirkuszelt in Oberhausen. Die Nacht endete allerdings, bevor sie anfing. Ich war 16 und hatte gerade eine kleine Psychobilly-Phase mit Flat-Frisur und rasierten Schädelseiten. Der Look entstand weniger, weil ich mich zur Psychobilly-Szene bekannte, sondern eher, weil ich einfach mal was Neues ausprobieren wollte und mir der Stil irgendwie zusagte. Als Jüngster von vier Geschwistern ist es manchmal nicht so leicht, eigene Akzente zu setzen. Mit dieser Frisur tat ich es. Die hatte keiner in der Familie, die hatte nur ich, sie war mein eigenes Ding. Außerdem glaubte ich, damit in jeden Club reinzukommen, schließlich musste man bei Türstehern ja immer besonders cool wirken. So auch im Music Circus Ruhr. Der Look machte tatsächlich Eindruck. Allerdings nicht in meinem Sinne, sondern dahin gehend, dass ich abgewiesen wurde. Der Türsteher fand, dass ich zu aggressiv aussah. Darüber kann ich mich immer noch amüsieren, denn Frisurenunfall und Pokerface hin oder her, gefährlich war ich nun wirklich nicht. Ich war zarte 16, trank keinen Alkohol, war in Begleitung meiner Schwester, und im Gegensatz zu meinen Brüdern hatte ich mich bisher nie geprügelt. Das konnten die Türsteher vom Music Circus natürlich nicht wissen. Vielleicht hatten sie auch einfach gute Instinkte und merkten, dass ich in ihrem Laden sowieso nicht glücklich geworden wäre, wie ich bei einem späteren Besuch feststellen sollte.

Eine unerwartete Entdeckung im jugendlichen Dauerlauf der Selbstfindung war, dass ich gegen Ende der Achtzigerjahre den englischen Radiosender BFBS entdeckte, der ursprünglich ins Leben gerufen worden war, um in Westdeutschland stationierte britische Soldaten mit Informationen und neuer Musik aus ihrer Heimat zu versorgen. Nun diente er auch mir jeden Samstagabend als musikalisches Fenster zur Welt. Dann lief dort nämlich die Show von Tim Westwood, einem der ersten britischen DJs, der sich auf Hip-Hop spezialisiert hatte. Diese Sendung zu hören, war wie ein Hörrohr in die Zukunft. Keiner der Tracks, die dort liefen, waren schon irgendwo im deutschen Radio zu hören, deshalb war jeder neue Act und Song, die Westwood vorstellte, für mich wie eine Trophäe. Hier hörte ich zum ersten Mal London Posse, Bomb the Bass und EPMD, hier bekam ich zum ersten Mal ein Gefühl dafür, welche Kraft ein Beat und welchen Sog gut gerappte Lyrics haben konnten. Jede Westwood-Sendung nahm ich mit meinem großen Doppel-

Tape-Deck auf die guten BASF-Chrome-Leerkassetten auf. *BFBS meets BASF.* Der Rest war eine Wissenschaft für sich. Bei jedem Track hoffte ich, dass Westwood ihn ganz bis zum Ende ausspielen und nicht in die letzten Takte reinquasseln würde. Tat er allerdings meistens trotzdem. Jede zweite meiner aufgenommenen Nummern endete deshalb abrupt aufgrund der abgeschnittenen Moderation. Die Kassetten waren trotzdem mein Ein und Alles. Jede wurde sorgfältig beschriftet und als Heiligtum in einer eigens dafür reservierten Kiste aufbewahrt. Oder in Dauerschleife auf dem Doppel-Tape-Deck abgespielt, wenn es gerade Aufnahme-Pause hatte. Nicht, dass ich den Sprechgesang inhaltlich komplett verstanden hätte, dafür war mein Englisch damals viel zu schlecht. Aber das war auch nicht nötig. Das Tolle an Rap war ja gerade, dass er einen mitriss, auch ohne dass er im herkömmlichen Sinne eine Melodie hatte oder auf Anhieb mitgesungen werden konnte. Er entfaltete seine Kraft über die Stimme und die Dynamik der Reime. Das war der Flow. Wenn man so will, war auch der ein Rausch.

Es dauerte nicht lange, bis er meinen Alltag voll im Griff hatte. Die Erschließung der neuen Hip-Hop-Kultur wurde für mich zur Chefsache. Jeder, der in Zeiten aufgewachsen ist, bevor Internet, Streaming-Dienste und Zalando die ständige Verfügbarkeit von Musik, Mode und Informationen über ihre Schöpfer gewährleisteten, weiß, dass das damals Vollzeitbeschäftigung und jede Menge Improvisation bedeutete. Es lief in etwa so: Erst nahm ich die Sendung von Tim Westwood aus dem Radio auf Kassette auf, dann hörte ich sie mir wieder und wieder auf meiner Stereoanlage an und notierte dabei die Acts, die ich cool fand, dann zog ich durch die Plattenläden der Umgebung, um mir die entsprechenden Alben zu besorgen, und wenn ich fündig geworden war, saß ich stundenlang zu Hause und studierte den Style und die Posen der Leute auf den Plattencovern. Wenn es gut lief, konnte ich bei Bekannten, die über nagelneue Errungenschaften wie Kabelfernsehen oder Satellitenschüssel verfügten, auch mal das eine oder andere Hip-Hop-Video bei MTV sehen. Wir hatten zu Hause weder Kabel noch Schüssel und empfingen nur die vier öffentlich-rechtlichen Programme, die keine Musikvideos zeigten. Allerdings merkte ich schnell, dass das gar nicht so schlimm war. Denn auf MTV lief sowieso überwiegend beliebiger Kommerz, mit dem ich wenig anfangen konnte. Außerdem hatte ich ohnehin andere Dinge zu tun, als vor der Glotze zu sitzen.

Der nächste Schritt war das Durchstreifen von Klamottenläden in der Hoffnung, ähnliche Outfits zu ergattern, wie sie meine rappenden Helden Erick Sermon und sein EPMD-Partner Parrish Smith trugen. Dabei war Kompromissfähigkeit gefragt, weil sowohl die Auswahl als auch meine finanziellen Ressourcen äußerst begrenzt waren. Mein erstes Hip-Hop-Outfit waren irgendwelche billigen Nikes von Runner's Point, eine Army-Jacke und ein No-Name-Basecap. Das reichte damals aber schon, um Eindruck zu machen – nicht nur in der Schule.

Meine Begeisterung für Hip-Hop teilte ich mit einem Schulkameraden aus der Parallelklasse. Nennen wir ihn einfach Sire. Das war nämlich sein Sprayer-Name. Mit ihm ging ich auf meine ersten Hip-Hop-Jams, die damals noch in Turnhallen und Jugendzentren stattfanden, mit ihm entdeckte ich unter anderem den Wuppertaler Club Beatbox, wo neben Jazz- und Reggae-Konzerten regelmäßig Hip-Hop-Veranstaltungen stattfanden, mit ihm startete ich sogar einen eigenen Hip-Hop-Act. Er hieß F. U. P. Das stand für »First United Project«. Das Ganze war aber in erster Linie ein Freizeitvergnügen, bei dem wir mit Freunden unterm Dach hockten, ein bisschen an den Plattenspielern drehten und eher schlecht als recht ins Mikrofon blökten. Unser einziger öffentlicher Auftritt, an den ich mich erinnere, war bei einem Jam in Duisburg und endete im Desaster. Irgendein Psychopath zog in der Menge plötzlich eine scharfe Waffe und sprengte damit die Veranstaltung. Über das anschließende Chaos und den Polizeiauflauf redeten die Leute noch

Wochen später. Über unseren Auftritt nicht. Wahrscheinlich war es besser so. Ich fürchte, wir waren nicht besonders überzeugend mit unseren zusammengestoppelten Beats und improvisierten Lyrics, die wir trotz rudimentärer Sprachkenntnisse natürlich auf Englisch rappten, weil wir deutschsprachigen Hip-Hop als Verrat an der Sache empfanden. Vielleicht ja auch, weil wir die Lyrics verstanden und merkten, wie stumpf sie teilweise waren. Das passierte ja alles noch, bevor Acts wie Advanced Chemistry und Die Fantastischen Vier (die ich in ihrer Anfangszeit mal bei einem Auftritt in der Gesamtschule Wanne-Eickel sah und leidenschaftlich scheiße fand) deutschsprachigen Rap salonfähig und chartstauglich machten und mir damit ein bisschen die Freude an der Sache nahmen. Denn das hatte so gar nichts mehr mit der Protestkultur der Schwarzen gegen das weiße Establishment zu tun, was Hip-Hop für mich immer ausgezeichnet hatte. Im Zuge dessen fiel mir dann wohl auch die Widersprüchlichkeit unserer eigenen Versuche als Rapper auf. So oder so stellte das First United Project den Betrieb ein, bevor es wirklich jemand wahrgenommen hatte. Langweilig wurde uns trotzdem nicht. Statt mit Rap-Sessions unterm Dach beschäftigten wir uns jetzt mit Graffiti. Ich erinnere mich noch, wie meine Mutter einmal, als Sire und ich mit einem Seesack voller Spraydosen das Haus verließen, um malen zu gehen, fragte: »Na, macht ihr wieder Graffiti?«

Meine Antwort war kurz und lächerlich: »Nö.«

Dass meine Mutter nicht weiter insistierte, war wohl ein Zeichen dafür, dass sie keine Ahnung hatte, was Graffiti eigentlich war, denn unglaubwürdiger als dieses »Nö« ging's nun wirklich nicht, klapperten doch bei jedem meiner Schritte die Spraydosen im Seesack vor sich hin. Aber gut, wir wussten halt, Graffiti war illegal, und irgendwie gehörte der Reiz des Verbotenen beim Sprayen dazu. Geschichten über nächtliche Einbrüche in U-Bahn-Tunnel, das illegale Besprühen von Bahnwaggons und den daraus resultierenden Wettlauf mit der Polizei waren elementarer Bestandteil der Hip-Hop-Kultur. Wir adaptierten sie im Rahmen unserer Möglichkeiten.

Wie Sire hatte natürlich auch ich einen Sprayer-Spitznamen, der gleichzeitig mein Tag war: Crown. Den zelebrierte ich richtig. Wotan hatte mir von seiner ersten Amerikareise einen Troop-Trainingsanzug mitgebracht. Seitlich auf den Hosenbeinen stand in dicken Lettern »Crown of Excellence«, auch die Jacke zierten der Schriftzug und ein paar Deko-Kronen. Dieser Anzug war ein Geschenk fürs Leben, ich habe ihn immer noch. Und inzwischen passt er mir sogar richtig. Er liegt im Kleiderschrank direkt neben meiner »Crown«-Gürtelschnalle, die ich damals extra anfertigen ließ. Ich versuchte mich auch bei Jams als Master of Ceremonies, natürlich als MC Crown. Allerdings mit mäßigem Erfolg, sodass ich mich bald wieder aufs Musikhören und Sprayen konzentrierte.

Besonders aufregend waren die Ausflüge zum Dortmunder Hauptbahnhof. Beim Tunnel unter den Bahngleisen gab es großflächige Betonwände, die damals von allen Hobby-Sprayern des Ruhrgebiets als Hall of Fame genutzt wurden. Auch wir verewigten uns dort mehrfach. Uns blieb nichts anderes übrig, weil unsere Bilder spätestens nach einer Woche wieder übermalt worden waren. Der Kick war immer, nicht von den Polizeistreifen geschnappt zu werden, die dort pausenlos unterwegs waren, um Sprayer auf frischer Tat zu ertappen. Da war immer viel Adrenalin im Spiel. Aber uns schnappte keiner. Wir waren wieselflink und die Bahn-Cops eher lethargisch. Crown ließ sich nicht erwischen. Nicht mal, wenn er eigentlich schon erwischt worden war.

Einmal waren wir so dusselig und sprühten eine Brückenmauer an der Bushaltestelle in der Nähe meines Elternhauses voll, sozusagen direkt vor der Nase meiner Eltern. Als mich mein Vater am nächsten Tag darauf ansprach, setzte ich mein Pokerface auf: »Das war ich nicht.« Er sah mich durchdringend an und fragte noch zweimal bohrend nach, aber ich behauptete standhaft, ich hätte nichts damit zu tun. Am Ende ließ er die Sache auf sich beruhen. Im Zweifel für den Angeklagten. Auch das war einer seiner Oldschool-Grundsätze: Wenn du schon Mist baust, lass dich wenigstens nicht erwischen. Ich glaube, letztendlich fand er es gut, dass ich bei seinem Verhör nicht einknickte.

Ich muss zugeben, dass ich erst bei der Arbeit an diesem Buch mit Freude festgestellt habe, wie viele Parallelen es dann doch zwischen meiner Entwicklung als Jugendlicher und der von Wotan gab. Was für ihn Punk war, war für mich Hip-Hop. Wo er demonstrierte und die Kontroverse suchte, suchte ich das Adrenalin bei Graffiti-Aktionen. Wo er seine Hosen zerschnitt und sich die Haare blau färbte, wurden für mich Sneakers und Basecap zu Ausdrucksmitteln eines eigenen Stils. Und um die Karten vollständig auf den Tisch zu legen: Ja, auch ich und meine Freunde zogen damals los, um Autos zu knacken, Radios zu klauen und sie zu verkaufen. Wir brauchten schließlich Geld für unsere Sneaker, Platten oder MK2-Plattenspieler von Technics. Es mag nicht rühmlich sein, aber im Unterschied zu meinem Bruder deutete ich meine Beutezüge nie als bewussten Akt des Widerstands gegen das System oder als große Rebellion. Ich erlebte sie eher als eine weitere, diesmal vom Kick der Gefahr befeuerte Rauscherfahrung.

Ich werde nie vergessen, wie meine Homies und ich bei einer Autoknack-Aktion fast von der Polizei erwischt worden wären. Auf dem Heimweg von einem Jam entdeckten wir auf einem verlassenen Parkplatz hinter einer alten Fabrikhalle einen einsamen aufgetunten Golf, aus dem uns ein hochmodernes Alpine-Radio anlachte. Es war eine kalte Winternacht, die Gegend völlig ausgestorben und die nächsten Wohnhäuser außer Sichtweite. Es war zu verlockend, um tatenlos vorbeizugehen. Während die anderen sich in die Büsche schlugen und Schmiere standen, schaffte ich es irgendwie, in den Golf zu kommen, und versuchte, das Alpine auszubauen. Aber irgendwie klappte es diesmal nicht. Das Ding saß bombenfest in der Konsole. Dann plötzlich, während ich noch fluchend und mit dampfendem Atem versuchte, das störrische Ding auszuhebeln, ein Warnruf von Sire. Als ich hochguckte, sah ich schon ein Polizeiauto von der angrenzenden Straße auf den Parkplatz einbiegen. Der Wagen fuhr nicht schnell, er schien nur auf routinemäßiger Streife. Trotzdem war es zu spät, um abzuhauen. Reflexartig sprang ich nach hinten, quetschte mich in den Fußraum zwischen Rück- und Vordersitz und breitete eine Jacke über mich, die zufällig im Auto rumlag. Ich machte mich ganz klein, hielt die Luft an und wartete ab. Die eisige Kälte spürte ich nicht mehr. Da hockte ich allein im Auto und sah schon mein kurzes Leben an mir vorbeiziehen. Was, wenn ich jetzt erwischt wurde? Kam ich dann in den Knast? Wie war das mit dem Jugendstrafrecht? Und wie konnte ich meinen Eltern je wieder unter die Augen treten? Und waren die Cops überhaupt noch da? Ich hörte das Klappen von Autotüren und das Knirschen von Schritten auf dem Parkplatz. Dann tanzte der Lichtkegel einer Taschenlampe durch die Fahrerkabine, und ich hörte die Stimmen der Polizisten. Ich weiß nicht mehr, was sie redeten, ob sie die eingeschlagene Scheibe bemerkten oder einen Funkspruch durchgaben. Ich weiß nur, wie mein Puls raste, sich jede Sekunde ins Endlose dehnte und ich krampfhaft die Luft anhielt, weil ich fürchtete, der Dampf meines Atems würde mich verraten. Und dass draußen nach einer gefühlten Ewigkeit plötzlich Autotüren zuschlugen und der Motor angelassen wurde. Dann fuhren die Polizisten einfach weg. Ohne den Golf näher zu untersuchen. Ohne mich entdeckt zu haben. Das war dann auch die letzte Aktion dieser Art. Das schwor ich mir und meinem Schutzengel anschließend hoch und heilig.

Ich erzähle diese Geschichte nicht, um mich als großen Draufgänger zu stilisieren. Wenn ich könnte, würde ich die Sache ungeschehen machen. Aber an dieser Stelle scheint sie mir ganz passend als Sinnbild dafür, dass Wotans und meine Erfahrungswelten sich in dieser Zeit anglichen. Ich erzählte ihm zwar damals nichts von dem Vorfall, trotzdem denke ich, dass neben Hip-Hop und Graffiti auch Erfahrungen wie diese dazu beitrugen, dass wir uns, vielleicht zum ersten Mal in unserem Leben, nicht mehr nur als großer und kleiner Bruder begegneten, sondern als Individuen – und damit die Grundlage für all das legten, was später kam.

GRENZMOMENTE

Unsere Erfahrungswelten glichen sich an. Das hat Zeze schön gesagt. Hip-Hop war die erste Musik, die uns verband, die er mir zeigte und nicht ich ihm. Ich selbst bin nie so tief in das Thema eingestiegen wie mein Bruder, aber wie er sich diese Subkultur erarbeitete, fand ich toll. Was natürlich auch damit zu tun hatte, dass die Ursprünge des Hip-Hop in den USA lagen. Vor allem in New York. Jener Stadt, der ich auf meiner ersten Amerikareise ein bisschen verfallen war, und die von da an immer mein Sehnsuchtsort Nummer eins war. Ich fuhr von da an jedes Jahr hin. Dort sah ich die Welt, die Zeze in Musikvideos, auf Plattencovern und in Songtexten bestaunte, leibhaftig vor mir. Ich hatte ihm also etwas zu erzählen. Und spätestens nachdem ich ihm zum ersten Mal ein ausgewähltes Paar Sneakers aus New York mitgebracht hatte, die es in Deutschland selbstverständlich nicht gab, war die Brücke geschlagen und ein gemeinsames Ziel geboren. Sogar das Regal in seinem Zimmer baute er dafür um. Die Bücher flogen raus – viele waren es zum Glück nicht –, und ein Schrein der Turnschuhe wurde installiert. Zu jedem Modell, insgesamt waren es vielleicht acht oder neun, hatte er irgendwas zu erzählen. Das war nicht alles besonders interessant, aber das war egal. Die Leidenschaft zählte. Die war begeisternd und echt. Wieder war etwas entstanden, was uns verband.

Meine Schulzeit war plötzlich beendet mit dem Abitur, das ich dann doch glänzend bestand. Ich wurde sogar ausgewählt, die Abiturrede zu halten. Stilecht im gelben Rüschenhemd aus irgendeinem Secondhandladen in Amsterdam redete ich vor den versammelten Vätern und Müttern, die sich zuvor oft über meinen schlechten Einfluss auf ihre Kinder beschwert hatten. Meine Eltern waren stolz und fühlten sich bestätigt in dem Vertrauen, das sie in mich gesetzt hatten.

Dann aber tat ich etwas, das zuvor auch mein Vater und Hauke getan hatten, was in meinem Fall aber nicht unbedingt zu erwarten gewesen war: Ich ging zur Bundeswehr. Das klingt sehr widersprüchlich bei meiner aufsässigen Haltung, für mich war es aber ein konsequenter Schritt, die größte Überwindung und Herausforderung zu suchen. Gerade als Punk trotzdem zum Bund zu gehen und das System quasi von innen zu unterwandern und mich der höchsten Form von rechtsstaatlichem Befehl und Gehorsam auszusetzen. In meinem Freundeskreis kam es natürlich überhaupt nicht gut an. Da hieß es »Halt's Maul, du verweigerst«, und dann wurde ich stundenlang vollgetextet, wie scheiße es beim Bund sei, obwohl die Leute, die das sagten, es gar nicht wissen konnten, weil sie selbst nie da gewesen waren. Ich dagegen wollte mir das alles selbst anschauen. Will ich immer noch. Also dachte ich: Fuck you, dann mache ich halt das, was in meiner Welt keiner macht.

Beim Bund fanden sie meine blauen Haare doof, während meine alten Punk-Kumpels meine Entscheidung überhaupt nicht nachvollziehen konnten oder wollten. Ich verlor viele Freunde in dieser Zeit, die mir aber danach auch nie wirklich fehlten. Ich lernte, dass man sich nicht immer nur im eigenen Umfeld gegenseitig auf die Schultern klopfen kann. Wieso sollte ich plötzlich ein anderer sein, nur weil ich ihre Sichtweise teilte? Konfrontationen mit anderen Meinungen können Denkanstöße und Prüfungen für die eigene Meinung sein und letztlich zu einer Erweiterung des Horizonts beitragen. Klar, Menschen sind unterschiedlich, und nicht jeder braucht oder traut sich, solch einen Schritt im maximalen Expressgang zu wagen. Aber für mich war die Zeit beim Bund gut und lehrreich, auch wenn ich an ihrem Ende genug hatte. Mir ist dort manches klar geworden – über mich selbst, über Kameradschaft, Entbehrungen und die oft unterschätzte eigene Willenskraft. Wenn du den Einschränkungen der Gehorsamspflicht des Soldatengesetzes unterstehst, denkst du noch mal ganz anders über persönliche

Verantwortung und eigene Werte nach. Und für Abrüstung bin ich trotzdem heute immer noch. Schräg, ich weiß.

Wer einen Schießbefehl befolgt und abdrückt, nur, weil es ein Befehl ist, ist ein schlechter Mensch. Es gibt dafür keine Entschuldigung. Die Ausrede »Ich wollte das nicht machen, aber was hätte ich denn tun sollen, es war ja ein Befehl?« ist der Anfang allen Übels. Ich bin es, der abdrückt. Nicht der Befehl, nur ich. Und wenn ich einen Befehl blind befolge, obwohl mein Gewissen mir sagt, dass das nicht richtig sein kann, ist nicht nur derjenige ein Verbrecher, der den Befehl erteilt hat, sondern vor allem ich, der das Verbrechen ausgeführt hat. Die Diktatoren dieser Welt können nur deshalb ihr Ding durchziehen, weil die schweigende Masse ihren Terror mitmacht und aus Angst den Mund hält. Solche Dinge begriff ich beim Bund. Die Dichterin Annette von Droste-Hülshoff hat geschrieben: »Denn wer nach seinen Überzeugungen handelt, so mangelhaft sie auch sein mögen, kann niemals ganz zugrunde gehen, wogegen nichts seelentötender wirkt, als gegen das innere Rechtsgefühl das äußere Recht in Anspruch zu nehmen.« Dieses Zitat bekam für mich in dieser Zeit eine neue, tiefere Dimension.

Wenn du damals an die üblichen 15 Monate Wehrdienst noch 9 Monate dranhängtest, gab es richtig viel Kohle. Die brauchte ich, weil ich vor dem Studium, oder was auch immer danach kommen sollte, unbedingt noch diese eine große Reise machen wollte – mir die Welt anschauen, ohne ein Datum für eine Rückkehr festzulegen, vielleicht sogar für immer wegbleiben.

Und so, wie ich bereits bei der Entscheidung, zum Bund zu gehen, meinem Wesen treu geblieben war – volle Kanne oder gar nicht – meldete ich mich natürlich zu den Fallschirmjägern. Wenn schon Herausforderung, dann richtig. Mehr ging nicht.

So lernte ich also Fallschirmspringen. Nicht im Freifall, der Spaß macht, sondern Absprünge aus niedrigen Höhen, nicht nur Tag-, sondern auch Nachtsprünge, und zwar mit uralten

Rundkappenschirmen, die nicht lenkbar waren. Der Springerlehrgang in Altenstadt im Allgäu hatte einen Sprungturm. Da musstest du dann aus 15 Metern Höhe von einer Plattform springen, gesichert mit zwei Leinen, die an einem durch die Luft gespannten Drahtseil befestigt waren. Zur Übung gehörte, mit offenen Augen zu springen, also sozusagen dem Abgrund ins Auge blickend. Wer zwei Mal hintereinander die Augen schloss oder andere Anzeichen von Angst zeigte, wurde aussortiert und nach Hause geschickt. Es ging um Vertrauen, Überwindung und Mut. Ich fand's herrlich – wenn man vom Ende des Falls, der abrupt im Gurtzug stoppte und dadurch durchaus schmerzhaft sein konnte, mal absieht. Hier ging es nicht um Leistungen im Sportunterricht oder Muskelkraft, nicht um Herkunft, Status und IQ, sondern um den reinen Willen, dich zu überwinden und den buchstäblichen Sprung ins Ungewisse zu wagen. Also genau um meine Lebensphilosophie.

Als dann endlich der erste richtige Fallschirmsprung anstand, zog ich mir kurz vorher beim Volleyball einen Bänderriss zu. Der Fuß schmerzte wie die Hölle und wurde dick, doch ich wollte unbedingt springen. Die Sanitäter gaben mir Tape, ich umwickelte den Fuß und quetschte ihn am nächsten Morgen mit zusammengebissenen Zähnen in den Stiefel. Der allerdings ließ sich nicht richtig zubinden, weil der Fuß so angeschwollen war. Ich versuchte, mir das Humpeln zu verkneifen, und hoffte, dass es beim Antreten keiner bemerken würde. Aber dann erschallte ein: »Gefreiter Möhring, machen Sie mal Ihren Stiefel vernünftig zu.« Verzweifelt versuchte ich, meinen geschwollenen Fuß noch fester einzuschnüren, doch es fiel auf, dass etwas nicht stimmte. »Zeigen Sie mal her«, hieß es, und dann folgten zwei, drei Monate mit Krücken und Gips im Innendienst. So fand mein erster Sprung ohne mich statt.

Nachdem der Fuß endlich verheilt war, kam ich doch noch zum Springen. Das hatte wenig mit Höhenflug und dem Gefühl des Schwebens zu tun, dafür ging alles viel zu schnell. Bei Fallschirmjägern geht es auch gar nicht um die Luft, sondern nur um das schnelle Absetzen hinter feindlichen Linien und den Einsatz danach. Der eigentliche Auftrag beginnt erst am Boden.

Wir sprangen aus 1200 bis 1400 Metern Höhe. Die Sekunden vor dem Absprung waren jedes Mal der sprichwörtliche Blick in den Abgrund. Sie gehörten zu den seltenen Situationen im Leben, in denen sich keiner mehr verstellte. Diese existenzielle Erfahrung schweißte die Leute in der Maschine fest zusammen. Fallschirmspringer bauen in kürzester Zeit eine sehr enge Verbindung untereinander auf. Ist auch logisch. Du hast denen allen bei Todesangst ins Gesicht geguckt, ihre ganze Panik gesehen, die ganze Wahrheit. Und du hast sie verstanden. Das ist toll. Weil es echt ist. Die Fallschirme waren eingehakt, öffneten sich also automatisch. Sie waren uralt, ziemlich flott nach unten unterwegs und vor allem unlenkbar, sodass dem kurzen Moment, in dem wir prüften, ob sich der Schirm überhaupt geöffnet hatte, die Hoffnung folgte, nicht in einem Baum oder sonst wo zu landen. Beim ersten Sprung ging alles sehr schnell, doch an die Landung kann ich mich genau erinnern. Vom Sprung berauscht, fühlte ich mich plötzlich unsterblich, heldenhaft und für meinen Mut belohnt. Da ging alles durcheinander: Triumph, Euphorie, Erleichterung, Glück, Fassungslosigkeit darüber, mich das getraut und es geschafft zu haben. Ich wollte direkt wieder hoch. Dazwischen: Nichts. Nur Luft, Geschwindigkeit und vom eigenen Willen bezwungene Angst. Alles zu kurz zum Kopfeinschalten. Keine Gedanken. Nur Rausch. Endlich nur Rausch!

Später als Ausbilder habe ich andere Dinge gelernt, zum Beispiel, dass man nicht immer über alles diskutieren, sondern manchmal einfach machen muss. Drill zum Beispiel musst du nicht verstehen. Der ist dafür da, dich in die Lage zu versetzen, in der entscheidenden Situation, ohne nachzudenken, das Richtige zu tun. Das heißt auch, du musst den Befehlen des Vorgesetzten blind vertrauen. Wenn er vorher glaubwürdig vermittelt hat, dass er weiß, was er tut, funktioniert das. Wie viel Psychologie und vor allem Verantwortung da drinstecken, wurde mir als Ausbilder klar.

Heute, wo ich Vater bin, gibt es immer mal wieder Situationen, die mich an dieses Prinzip des blinden Vertrauens erinnern. Wenn eines meiner Kinder fragt: »Papa, ich will keine Jacke anziehen, warum muss ich das?«, kann ich entweder weiter stundenlang etwas über Vorsorge und Erkältungsgefahren erklären, oder ich sage nach der dritten Bitte einfach nur: »Weil ich es sage.« Gerade wenn es schnell gehen muss, zum Beispiel morgens vor der Schule, tun sie das dann. Ich hoffe, das liegt daran, dass es mir gelingt, meinen Kindern glaubwürdig zu vermitteln, dass ich als ihr Vater immer nur das Beste für sie will. Dann hätten sie das Urvertrauen, das meine Eltern mir mitgegeben haben.

Die freien Wochenenden während der Zeit beim Bund bekamen eine völlig neue Qualität, denn die Freiheit, das machen zu können, was man will, ist nach vielen Wochen in der Kaserne nichts Alltägliches mehr. Das Bewusstsein, dass keiner mir reinreden konnte, beflügelte jede Unternehmung, jeder Tag war voller Möglichkeiten, jede Stunde wertvoll. Bei meinen Eltern in Herne guckte ich meist nur kurz vorbei, um Hallo zu sagen, Wäsche zu waschen oder zwischendurch ein paar Stunden zu schlafen. Sonst war ich der Getriebene, immer unterwegs: die übrig gebliebenen Freunde treffen, in den Clubs und Kneipen des Bochumer Bermudadreiecks, im Ratinger Hof in Düsseldorf.

Es war das Ende der Achtziger. In Deutschland kam Musik wie EBM und House gerade erst neu raus. Diese Szene hatte eine spezielle Energie, die zwischen Underground und Massenbewegung schwankte. Ihre Energie brachte viele interessante Gestalten hervor. Eine davon war Holger. Der fiel mir eines Nachts im Logo, einem der wenigen guten Clubs in Bochum, auf. Da stand er in lauten, völlig übertriebenen Designer-Klamotten, die überhaupt nicht zum verwitterten Industrial-Style des Clubs passten – blauer Anzug, zitronengelbes Hemd, rote Krawatte –, allein zwischen den Leuten herum und sah aus wie auf der Suche. Auf der Suche war ich auch. Wir hatten direkt eine Verbindung, teilten den Humor, den Zynismus und dieses besondere Keine-Grenzen-Gefühl.

Ich zog dann öfters mit ihm los. Leicht affektiert, wie er war, sorgte er für das ultimative Kontrastprogramm zum Bundeswehralltag. Vor allem nahm Holger nichts ernst, sich selbst eingeschlossen. Er war so herrlich provokant und respektlos wie ich, sah sich als Avantgarde, als Künstler und Designer, und hatte den großen Traum, nach New York zu gehen, um dort Kunst zu studieren. Das Problem war nur, dass er kein künstlerisches Talent hatte. Oder jedenfalls nicht genug, um damit an einer Kunsthochschule angenommen zu werden, egal ob in seiner Heimat Schernbeck oder in Amerika. Allerdings war Holger nicht nur ein Schöngeist, sondern vor allem ein Überlebenskünstler. Ein Trüffelschwein, ein Poser, ein Selbst-Believer. Seine Drinks bezahlten andere, in die Clubs schaffte er es umsonst, seine Designerklamotten kamen aus der Altkleidersammlung. Die Kunst, die er am besten beherrschte, war das Durchschlagen, das Nicht-unterkriegen-Lassen. Gemessen an seinen eigenen Möglichkeiten, lebte er deshalb auf großem Fuß. Aber das reichte ihm nicht. Er wollte Künstler sein. In Amerika. Um dieses Ziel zu erreichen, waren ihm selbstverständlich alle Mittel recht.

Als das New Yorker R. A. P. P. Art Center ein Stipendium für Studenten aus Deutschland ausschrieb, für das man sich mit einer Arbeitsmappe bewerben sollte, lief Holger zu Höchstform auf. Er ging zur Kunsthochschule Düsseldorf, hängte einen Aushang mit der Aufschrift »Junge Galerie in New York sucht Arbeiten neuer Künstler« ans Schwarze Brett und bat darum, Arbeitsproben an seine Adresse zu schicken. Tatsächlich folgten einige Studenten dem Aufruf. Aus den Einsendungen suchte Holger die vielversprechendsten aus und bewarb sich damit auf das Stipendium. Und: wurde angenommen. Er ging tatsächlich zum Studium nach New York. Der Hochstapler hatte sein Ziel erreicht. Eigentlich unglaublich. Aber ich fand es bewundernswert konsequent und dachte, von Holger kann ich noch viel lernen. Ansonsten sollte sein Gang nach Big Apple noch von großer Bedeutung sein. Denn natürlich besuchte ich ihn dort. Aber vorher reiste ich noch mit Zeze nach Madeira.

WIRGEFÜHL

Während Wotan beim Bund war, passierte etwas, das unsere beiden Leben nachhaltig beeinflussen sollte: In Berlin fiel die Mauer.

Die Wende war für uns ein sehr bewegendes Ereignis. Die Familie meines Vaters stammte gebürtig aus Thüringen, und meine Großtante und mein Großonkel lebten noch dort, in Heldrungen am Kyffhäuser. Zu DDR-Zeiten hatten wir sie ein paarmal dort besucht und dabei die Repressalien des DDR-Systems mitbekommen. An der Grenze wurde unser Auto jedes Mal fast auseinandergeschraubt, auf der Autobahn durften wir nicht anhalten; wenn wir in Heldrungen waren, mussten wir uns regelmäßig auf dem Polizeirevier melden und einen Stempel abholen, der jedes Mal zehn D-Mark Gebühr kostete. Ansonsten sah man an den maroden Gebäuden und Straßen und Betrieben sehr deutlich, dass das Land kurz vorm Kollaps stand. Es wurde immer sehr emotional, wenn wir wieder abreisten und unsere Verwandten in dem Wissen zurücklassen mussten, dass sie uns im Westen nicht besuchen durften. Ihre Unfreiheit verlieh den Besuchen in Heldrungen immer eine gewisse Schwere und Traurigkeit. Daher werde ich nie vergessen, wie ich am 9. November 1989 zu Hause in Herne nichts ahnend von der Toilette kam und mir im Flur mein Vater mit Freudentränen in den Augen entgegenstürmte und erzählte, dass die Mauer gefallen war. Schon wenige Tage später flogen wir nach Berlin. Mein Vater verteilte im Flugzeug Blumen an die Passagiere, und der Pilot machte eine Durchsage: »Wir fliegen über das Gebiet der ehemaligen DDR.« Eine gewagte Aussage, denn damals war die deutsche Einheit ja noch gar nicht vollzogen, aber es passte gut zu diesem euphorischen Moment. Alle klatschten und waren ergriffen. In Berlin sahen wir die Menschen am Brandenburger Tor tanzen, mein Vater klopfte Stücke aus der

Mauer, und wir halfen einem alten Mann dabei, zum ersten Mal in seinem Leben die Mauer auf der Westseite zu berühren. Ein unfassbarer Aufbruch, den wir kaum begreifen konnten. Dass ich vier Jahre später hier wohnen, mit Wotan durch die Ruinen Ostberlins tanzen und die Freiräume, die sich durch den Mauerfall auftaten, in vollen Zügen auskosten würde, konnte ich mir damals nicht vorstellen und hatte bald auch anderes im Kopf. Denn die Begeisterung über den Mauerfall wurde von einem Vorfall bei uns zu Hause überschattet, der erst mal überhaupt nicht in mein Weltbild passte: Die Ehe unserer Eltern geriet in eine ernste Krise.

Wenn zwei Menschen, die 27 Jahre zusammen verbracht, vier Kinder großgezogen und viele Hochs und Tiefs miteinander gemeistert haben, auseinandergehen, ist das nie schön und für alle Beteiligten mit Schmerz verbunden. Sicherheiten gehen verloren, Gewohnheiten fallen weg, Standpunkte werden infrage gestellt. Für mich persönlich kann ich sagen, dass ich anfangs immer noch hoffte, meine Eltern würden sich wieder zusammenraufen. Ich war 17 und wollte einfach, dass alles wieder so wurde, wie es immer gewesen war. Es dauerte eine Weile, bis ich erkannte, dass das eine Illusion war. Und dass eine Trennung manchmal auch eine Chance sein kann. Wotan trug ein gutes Stück zu dieser Erkenntnis bei.

Der letzte Urlaub mit meinen Eltern war in mehrfacher Hinsicht ein Sinnbild dafür, dass sich die Welt weitergedreht hatte. Vielleicht war er vonseiten meiner Eltern auch ein letzter Versuch, das Ende der Ehe abzuwenden. Jedenfalls war alles anders. Unsere Familienreisen in der Kindheit waren alle entweder nach Österreich oder an die Nordsee gegangen. Jeden Sommer wurde Papas gelber Variant bis unters Dach mit Gepäck vollgestopft, wir Kinder auf die Rückbank gequetscht, und los ging's nach Norderney oder an den Klopeiner See in Kärnten. Die Autofahrten waren immer ein kleiner Stresstest für alle. Wir Kinder wurden nach ein paar Stunden Fahrt quengelig, was wiederum die Nerven unserer Eltern strapazierte, sodass auch sie irgendwann gereizt reagierten und sich zofften. Aber das waren vorübergehende Missstimmungen. Spätestens am Ziel verpufften sie in Strandromantik und Urlaubsharmonie. Unsere Ferien waren immer schön. Ich hatte nie bedauert, dass wir nicht wie andere Familien Flugreisen an exotische Ziele unternahmen. Soweit ich weiß, empfanden meine Geschwister genauso. Lange Flugreisen standen bei uns allerdings sowieso nicht zur Debatte, weil wir dafür kein Geld hatten. Der Wunsch meiner Mutter, irgendwann mal nach Madeira zu reisen, weil ein eingeheirateter Onkel von ihr dort herstammte, war jahrelang eher eine Art Running Gag als ein realistisches Ziel.

Doch im Sommer 1990 sollte Mamas Traum doch noch wahr werden: Wir buchten einen Strandhotelurlaub auf Madeira. Die Aussicht auf meinen ersten längeren Linienflug und eine Ferienanlage mit Pool, Bar und allem Drum und Dran fand ich toll. Ein bisschen Sorge hatte ich nur, weil ich seit ein paar Monaten merkte, dass es zwischen meinen Eltern Spannungen gab, die immer schlimmer wurden. Wenn sie jetzt stritten, wirkte es nicht mehr wie bei dem harmlosen Zoff auf unseren früheren Urlaubsfahrten, sondern als gäbe es tiefer gehende Probleme. Welche, konnte ich nicht genau benennen, aber ich spürte, dass etwas anders war. Das beunruhigte mich.

Dem Madeira-Urlaub sah ich vor allem deshalb mit Freude entgegen, weil Wotan mitkam. Hauke fuhr schon seit Jahren nicht mehr mit der Familie in den Urlaub, und Wiebke, die gerade Abitur gemacht hatte, hatte in dem Sommer was anderes vor. Also nur Wotan und ich. Das war ein Zufall, aber im Nachhinein kann man es fast schicksalhaft lesen. Es führte zu einem von zwei Erlebnissen, die zu Grundlagen für unseren späteren New-York-Rausch wurden.

Wie erwähnt, gewann unser Verhältnis in jenen Jahren eine neue Qualität: Wir redeten jetzt auf Augenhöhe miteinander, hatten ein paarmal was zusammen unternommen, Wotan hatte meine Freunde kennengelernt, ich ein paar von seinen, wir waren zusammen nach Amsterdam gefahren und durch Platten- und Klamottenläden gezogen, und wir waren zum ersten Mal so richtig zusammen in die Nacht gegangen – in den Ratinger Hof in Düsseldorf.

Wenn Wotan und ich über die Schlüsselmomente unserer heutigen Verbundenheit sprechen, stolpern wir früher oder später jedes Mal über dieses erste Mal »richtig« gemeinsam ausgehen – um im zweiten Moment festzustellen, dass an dem Abend so wirklich viel Aufregendes eigentlich gar nicht passiert ist. Er hat uns trotzdem einander ein gutes Stück nähergebracht.

Heute ist der Ratinger Hof vor allem als legendäre Keimzelle der Punk-Bewegung in den Siebzigern und der Neuen Deutschen Welle in den Achtzigern bekannt, aber das wusste ich damals noch nicht. Zumal diese Zeit lange vorbei war. Als ich in jener Nacht mit Wotan das erste Mal hinging, wurde dort House gespielt. Diese Musik war neu und aufregend – besonders für mich, der das Nachtleben erst entdeckte. Aber auch sonst stand dieser Abend des 8. Juli 1990 von vornherein unter dem Vorzeichen des Besonderen, Magischen, das ihm in meiner Erinnerung bis heute anhaftet.

Das Datum weiß ich deshalb so genau, weil es der Tag war, an dem die deutsche Fußballnationalmannschaft bei der WM in Italien Weltmeister wurde. Wir hatten das Endspiel alle zusammen mit der Familie in Herne gesehen und uns dabei in einen ersten, kleinen Begeisterungstaumel hineingesteigert. Als Wotan und ich anschließend nach Düsseldorf fuhren, waren wir ganz euphorisch über den knappen 1:0-Sieg, den Andi Brehme in der 85. Minute durch einen Elfmeter herbeigeführt hatte – eine Stimmung, die uns bald auch außerhalb des neuen Wagens meiner Mutter, den sie uns für diesen Abend geliehen hatte, umgab. Als wir in der Düsseldorfer Innenstadt ankamen, steckten wir von jetzt auf gleich in einer Art Autokorso fest. Überall waren jubelnde Menschen, es wurde gehupt, gesungen und geblinkt. Das war toll. Allerdings sorgte ich mich auch sehr um den neuen Wagen unserer Mutter, der von den zwar freundlich gestimmten, aber doch sehr ungestümen Passanten ordentlich durchgeschüttelt wurde.

Als wir endlich einen Parkplatz gefunden hatten, hätte ich nichts dagegen gehabt, wenn wir uns direkt ins brodelnde Treiben der überfüllten Kneipen in der Altstadt gestürzt hätten. Aber dafür waren wir nicht hier. Wir wollten nicht den Weltmeistertitel feiern, sondern eine Party bei Doktor Love. Doktor Love war ein Freund von Wotan, der seinen Spitznamen der Tatsache verdankte, dass er Medizin studierte und in seiner Wohnung regelmäßig rauschende Feste veranstaltete. Bei der Ankunft dort musste ich mich erst einmal umstellen und Witterung aufnehmen. Es war eine Riesenwohnung, und ähnlich wie die Altstadtstraßen war auch sie vollgestopft mit Menschen. Allerdings schien sich hier keiner für den Weltmeistertitel zu interessieren. Generell war die Atmosphäre ganz anders als die Stimmung draußen bei den Fußball-Fans. Irgendwie entspannter. Und lasziver. Vielleicht auch geheimnisvoller. Auf jeden Fall in einer anderen Weise spannend.

Kurz nachdem wir bei der Party gelandet waren, verschwand Wotan mit der Aufforderung, ich solle mich gut amüsieren, in der Menge. Da stand ich: ein 17-Jähriger aus Herne zwischen lauter Nachtgestalten, von denen einige tanzten, andere knutschten, weitere kifften, soffen oder sich unterhielten, aber alle waren durch die Bank wesentlich älter als ich. Andere hätten sich in meiner Situation vielleicht Mut angetrunken, doch ich trank keinen Alkohol. Weder Bier noch Wein oder Schnaps schmeckten mir, also blieb ich bei Fanta. Und sah mich um. Und staunte. Über die Freizügigkeit der Frauen, die Androgynität vieler Männer, die experimentellen Outfits, die arglosen Berührungen, Blicke und Gesten. Ich weiß noch, dass ich viele Menschen auf dieser Party schön fand, ohne sie im herkömmlichen Sinne gut aussehend zu finden – eine scheinbar widersprüchliche Empfindung, die mich damals noch irritierte. Durch die interessanten Leute schien aber auch jede der kurzen Unterhaltungen, die ich führte, bedeutsamer und gewichtiger zu sein als jene Gespräche, die ich normalerweise mit Gleichaltrigen führte. Damit begann für mich wohl die Magie dieser Nacht – mit der Illusion, ein bisschen erwachsener zu sein, als ich war, und dem ermutigenden Gefühl, jene Welt zu verstehen, deren Teil mein Bruder seit Jahren war und von der er mir so viel erzählt hatte. Letzteres war für mich wahrscheinlich noch wichtiger als die Erfahrung als solche.

Später im Ratinger Hof war ich zunächst überrascht. Im Vergleich zu seinem großen Ruf war der Club ganz schön klein, eigentlich nur ein schlauchförmiger Raum mit weiß getünchten Wänden und Neonröhren an den Decken, und statt nach Punk sahen die Gäste eher nach Gothic und New Wave aus. Aber eine Fanta später war mir das alles irgendwie total egal. Ich tanzte einfach. Raus aus der Sphäre der übergroßen Erwartungen und Hemmungen, rein in die etwas stumpfen Acid-House-Beats und wabernden Trockeneisschwaden meiner ersten Club-Erfahrung mit Wotan. Von dem ich die meiste Zeit nicht wusste, wo er sich rumtrieb. Mit dem ich mich aber ein gutes Stück verbundener fühlte, als wir nach ein paar Stunden Arm in Arm und übers ganze Gesicht grinsend aus dem Ratinger Hof ins Morgenrot stolperten.

Wenn ich meine Definition von Rausch auf diese Nacht anwenden müsste, dann würde ich sie tatsächlich in diesem Moment verorten, als wir die verrauchte Luft und das Stimmengewirr hinter uns ließen und Seite an Seite zum Auto liefen. Ich grinste nicht in erster Linie, weil ich high war von der Musik oder den vielen Eindrücken. Sondern weil ich glücklich war. Glücklich, meinen Bruder neben mir zu haben und mich ihm nah zu fühlen. An diesem Morgen habe ich das erste Mal ein wirkliches Wirgefühl mit Wotan empfunden. Ihm geht das umgekehrt genauso. Der Rausch entstand aus der plötzlichen Ahnung heraus, dass da mehr war, als wir bis jetzt geglaubt hatten. Dass wir nicht nur Brüder waren, sondern auch Freunde. Und dass wir, *weil* wir Brüder waren, immer Freunde bleiben würden. Dass da noch ganz viel kommen würde.

Am nächsten Tag ging es nach Madeira, und damit begann jener letzte Familienurlaub, der mir heute ein bisschen schicksalhaft vorkommt. Da wurden die Weichen für die Zukunft gestellt. Erwartungsgemäß hatte die Reise nicht viel mit unseren früheren Familienurlauben in Österreich und an der Nordsee zu tun. Alles war etwas sonniger und zumindest landschaftlich idealtypischer – blauer Pool, Strand, Palmen und dahinter das ewige Rauschen der gewaltigen Wellen des Atlantiks. Das Hotel dagegen war ein ziemlicher Klotz, der früher wohl mal mondän gewesen war, aber jetzt seine besten Zeiten hinter sich hatte. Die meisten Gäste waren ältere, gut situierte Engländer. Aber für mich war es toll. Urlaub im Hotel hatte ich bis dahin noch nie gemacht.

Wotan und ich teilten uns ein Doppelzimmer und versuchten, den Urlaub zu genießen. Aber die Schattenseiten waren zu offensichtlich, um sie zu übersehen. Die Spannungen zwischen meinen Eltern konnte man mit Händen greifen, bei allen gemeinsamen Unternehmungen spürten wir sie. Es war nicht so, dass Wotan nicht wusste, dass es in letzter Zeit nicht gut lief zwischen ihnen, aber da er schon länger nicht mehr in Herne wohnte, hatte er es, anders als ich, noch nie unmittelbar mitbekommen. So war das Ganze für ihn wahrscheinlich viel alarmierender als für mich.

Am zweiten Abend, als Wotan und ich ohne unsere Eltern an der Hotelbar saßen, stellte er mich zur Rede. Er wollte wissen, wie lange das schon so ging, und von mir hören, wie ich die Situation einschätzte. Dass er das Thema in dieser Direktheit ansprach, empfand ich ambivalent. Einerseits war die Offenheit befreiend, andererseits überforderte sie mich. Denn auch wenn ich schon seit Langem ahnte, dass es sich hier nicht um ein vorübergehendes Stimmungstief handelte, wollte ich den Ernst der Lage nicht wahrhaben. Ohne es richtig zu glauben, redete ich mir immer noch ein, alles würde sich wieder einrenken. Die Frage, die Wotan nach meinem eher einsilbigen Bericht stellte, wollte ich eigentlich nicht hören: »Meinst du, Mama und Papa trennen sich?«

»Na, hoffentlich nicht!«, antwortete ich heftig.

Er machte eine Pause, überlegte und sah mich nachdenklich an. Dann sagte er: »Aber vielleicht wäre es ja besser so.«

Dazu fiel mir erst recht nichts mehr ein. Auf diesen Gedanken war ich noch nie gekommen. Eine Trennung nach 27 Jahren Ehe? Was sollte denn daran »besser so« sein? Als ich nichts erwiderte, sprach Wotan weiter: »Menschen verändern sich. Das ist doch normal, oder? Und eigentlich ja auch ganz gut, denn alles andere wäre Stillstand. Vielleicht haben Mama und Papa sich auseinandergelebt und es funktioniert nicht mehr zwischen ihnen.«

Ich dachte nach und nickte zögerlich. Klar, wenn ich ehrlich war, so war es wohl.

»Sollen sie nicht die Chance bekommen, wieder glücklich zu werden?«, sprach Wotan weiter. »Ist das nicht wichtiger, als dass sie aus reiner Gewohnheit oder nur, weil wir Kinder es gerne so hätten, für den Rest ihres Lebens zusammenbleiben und sich auf die Nerven gehen? Das ist doch schrecklich. Am Ende deines Lebens zurückzublicken und dir eingestehen zu müssen, dass die letzten zwanzig, dreißig Jahre deines Lebens echt scheiße waren, ist für mich der größte Horror. Wünschst du Mama und Papa so was?«

»Nee, natürlich nicht«, gab ich zu und fragte mich insgeheim, warum ich mich innerlich eigentlich so gegen den Gedanken sträubte, dass meine Eltern sich trennen könnten. Mit meinen überschaubaren 17 Jahren Lebenserfahrung sahen die Antworten in etwa so aus: Ich fand es traurig, eine Beziehung aufzugeben, die fast 30 Jahre gehalten hatte. Ich wollte die Harmonie der alten Zeiten zurückhaben. Und vor allem scheute ich die Veränderungen, die eine Trennung mit sich bringen konnte. Während ich über solche Dinge nachdachte, redete Wotan mit dem Barkeeper, und kurz darauf standen vier Tequila-Gläser vor uns.

»Für wen sind die denn?«, fragte ich blöd.
»Für uns natürlich.«
»Ich trink doch keinen Alkohol.«
»Einmal ist immer das erste Mal. Und besser, du trinkst deinen ersten Schnaps mit mir als mit irgendwem anders.«

Ich konnte oder wollte nicht widersprechen, also stießen wir an und tranken. Danach wusste ich wieder, warum ich keinen Alkohol mochte. Es schmeckte scheußlich und brannte. Trotzdem war es nicht der letzte Tequila des Abends. Während wir an der Theke saßen und das Für und Wider von Gewohnheit und Neustart, Eigennutz und Gemeinnutz, Ehe und Scheidung diskutierten, folgte ein Glas aufs nächste, bis mein Kopf so leicht und mein Hirn so weich waren, dass mir für ein paar Momente selbst das Undenkbare denkbar und eine Trennung meiner Eltern nicht nur als Katastrophe, sondern zumindest in Teilen vernünftig erschien. Das war die positive Seite. Die negative war, dass ich eine Stunde später mit einem brutalen Drehwurm über der Kloschüssel hing und am nächsten Tag meinen ersten Kater hatte. Es war gut, dass mein Bruder und ich uns ein Zimmer teilten, ich hätte mit dieser Nacht und ihren Nachwirkungen nicht allein sein wollen. Trotzdem behielt ich den Abend in guter Erinnerung. Die Gespräche, die dort stattfanden, waren ein weiterer Wir-Moment – offen, ehrlich, ohne falsche Rücksichten, aber trotzdem voller Verständnis. Bei mir stellten sie den Beginn einer Horizonterweiterung dar, die nachwirkte und allmählich zu einem ganzheitlicheren Blick auf die Gesetzmäßigkeiten der Welt und ihre Widersprüche führte. Der Gedanke, dass Dinge immer zwei Seiten haben, und selbst eine Scheidung nicht nur das Ende der Welt bedeuten musste, sondern auch als Chance gesehen werden konnte, wurde für mich erstmals greifbar – eine Sichtweise, die ich heute als wesentlichen Bestandteil eines freiheitlichen Denkens sehe.

Ein halbes Jahr nach Madeira ließen meine Eltern sich scheiden. Das war eine komplizierte Zeit für uns alle, aber wir stellten uns ihr mit Würde, und am Ende bewahrheitete sich, was Wotan an der Hotelbar gesagt hatte. Nachdem meine Eltern die Trennung vollzogen und verarbeitet hatten, wurden sie, jeder für sich und jeder auf seine Art wieder glücklich.

Für mich, der nach dem Auszug meines Vaters allein mit unserer Mutter in dem alten Fachwerkhaus blieb, war es schön, zu sehen, dass sie nach der Scheidung neu auflebte. Sie legte sich bunte Kleider und Hüte zu, war aktiv und genoss eine Art zweiten Frühling. Es bedeutete mir viel, sie wieder glücklich zu sehen, hatte ich ihr doch immer sehr nahgestanden. Schon als ich klein war, konnte sie mich besser lesen und verstehen als alle anderen. Mit sieben oder acht fiel ich nach einem Krankenhausaufenthalt einmal in eine Art melancholisches Loch und wollte nicht mehr in die Schule gehen. Heute nehme ich an, dass ich schlicht überfordert war. Als empfindungsstarkes Kind nahm ich den Trubel in der Schule und den Krakeel meiner drei älteren Geschwister zu Hause sehr intensiv wahr. Und weil in unserem Alltag selten Ruhe einkehrte, sehnte ich mich genau danach. Vielleicht hatte mir erst der Krankenhausaufenthalt gezeigt, dass es so etwas wie Ruhe überhaupt gab, aber das ist Spekulation. Ein Kind hinterfragt solche Empfindungen nicht. Es spürt sie nur. Und wenn es gezwungen wird, sie niederzukämpfen, wehrt es sich oder leidet, wie in meinem Fall.

Als ich trotz meines Widerwillens zurück in die Schule musste, merkte meine Klassenlehrerin, dass mit mir etwas nicht stimmte. Sie beobachtete mich eine Weile, dann sprach sie mit meiner Mutter und empfahl ihr, mich ein paar Wochen zu Hause zu behalten. Meine Mutter war warmherzig und verständnisvoll genug, um diesem Rat zu folgen. Bestimmt vier, fünf Wochen durfte ich zu Hause bleiben, während meine Geschwister zur Schule mussten. Das rechne ich meiner Mutter immer noch hoch an. Denn es wirkte. Nach einer Weile wichen Melancholie und Widerwillen neuer Zuversicht, und irgendwann hatte ich wirklich wieder Lust auf die Schule. Meine einzige Sorge war, dass die Kinder in meiner Klasse komisch reagieren würden, wenn ich nach so langer Zeit auf einmal wieder auftauchte. Aber wahrscheinlich hatte meine Klassenlehrerin diesbezüglich vorgebeugt, denn böse Bemerkungen blieben aus. Das Ergebnis war, dass ich in dem guten Gefühl aufwuchs, dass man mich sein ließ, wie ich war. Eine Erfahrung, die mich innerlich sehr gestärkt hat, wobei ich dieses Gefühl natürlich nicht ausschließlich dieser Episode verdanke. In der Summe wurde es mir von beiden Eltern mitgegeben.

Wenn ich heute an die Scheidung meiner Eltern zurückdenke, habe ich nicht zuerst den Gedanken, dass ihre Ehe gescheitert ist. Vielmehr sehe ich die große Leistung jener 27 Jahre, die sie verheiratet waren, und den Mut, nach so langer Zeit noch mal neu anzufangen. Sie führten eine Ehe, in der keiner von beiden sich selbst untreu werden musste. Und weil sie beide starke Persönlichkeiten waren, brauchten sie irgendwann wieder mehr Raum für sich selbst. Also trennten sie sich. Vor dieser Entscheidung habe ich genauso großen Respekt wie vor der Leistung knapp 30 gemeinsam verbrachter Jahre. Ich dagegen habe es mit meiner ersten Frau gerade einmal ein Jahr ausgehalten, bis ich mich wieder scheiden ließ. Aber als Vergleichsgröße funktioniert diese Ehe sowieso nicht. Dafür war sie viel zu undurchdacht und überstürzt.

Trotzdem bin und bleibe ich ein hoffnungsloser Romantiker. Seit 2014 bin ich zum zweiten Mal verheiratet und ziehe gemeinsam mit meiner Frau einen wundervollen Sohn groß.

BILDER

Auf Madeira musste ich feststellen, dass der schon seit geraumer Zeit unversöhnliche Umgang meiner Eltern so zugenommen hatte, dass sie sich nur noch stritten. Weil ich merkte, wie sehr mein Bruder Zeze, der mit der Situation zu Hause ganz allein klarkommen musste, darunter litt, empfahl ich meinen Eltern, sich doch erst mal zu trennen – ob das nicht besser wäre. Mein Bruder schaute mich entgeistert an, wir saßen gerade in der Abendsonne vor unseren bereits erkalteten Schnitzeln. Vielleicht überforderte ich Zeze damals mit meiner Direktheit. Diplomatie ist etwas, worin ich heute wie damals durchaus lernfähig bin. Im zwischenmenschlichen Miteinander fände ich es manchmal hilfreich, ein bisschen mehr von dieser Fähigkeit zu haben, die Zeze hat, und die im weiteren Verlauf noch oft eine wichtige Ergänzung zu meiner offenen Direktheit sein würde. Diese Direktheit hat allerdings auch den Vorteil, dass keiner Angst haben muss, dass ich ihm was vorspiele. Jedenfalls schien mir damals eine Trennung für meine Eltern einerseits als richtiger Schritt, um sich selbst und uns Kindern nicht alle Erinnerungen an die guten Zeiten, die wir gehabt hatten, kaputtzumachen, und andererseits, um meinen kleinen Bruder zu schützen. Schließlich kam noch ein weiterer Aspekt hinzu: Ich empfand ihr Verhalten als Widerspruch zu vielem, was sie uns als Kindern beigebracht hatten. Das Tolle an ihrer Erziehung war, dass sie uns darin bestärkten, eigene Entscheidungen zu treffen und uns nicht ständig von anderen reinreden zu lassen. Egal, ob es die Schule, die Berufswahl oder die Lebensführung überhaupt betraf, die Grundhaltung unserer Eltern lautete immer: »Ihr macht das schon.« Daraus sprach nicht nur ein großes »Vertraut euch«, sondern auch eine gesunde Resistenz gegenüber Konventionen. Ich kann mich nicht erinnern, von meinen Eltern je auf Außenwirkung bedachte Sätze wie »So was macht man nicht« oder »Was sollen die Leute denken?« gehört zu haben. Erst als ihre eigene Ehe auf der Kippe stand, sprachen plötzlich lauter äußere Faktoren gegen deren Auflösung: die Kinder, das Haus, die Meinung der Freunde, das Eheversprechen als solches. All das schien wie eine Verleugnung des Steiner-Zitats, das meine Mutter in der Küche hängen hatte. Hier ging es nicht mehr um »Verständnisse des fremden Wollens«, sondern um das Diktat des fremden Wollens. Das ist ein Riesenunterschied. Und da im ehelichen Miteinander meiner Eltern zu diesem Zeitpunkt vom »Leben in der Liebe zum Handeln« wahrscheinlich nicht mehr viel übrig war, fand ich Scheidung das einzig Richtige für alle.

Schon klar, dass mit jedem Jahr Ehe und mit jeder gemeinsamen Zeit und nach unglaublichen 27 Ehejahren mit vier gemeinsamen Kindern eine Trennung ein riesiger Schritt und ein Wagnis ist. Aber es ist auch ein Neuanfang. Wenn es einfach nicht mehr zusammen geht, dann geht es vielleicht getrennt. Und als die Wogen sich geglättet hatten, war es auch so. Meine Mutter blühte wieder auf, und meine Eltern behielten eine ganz besondere Verbindung, so stark, dass meine Mutter bereits eine Ahnung gehabt hatte, als ich sie 14 Jahre später anrufen musste, um ihr vom tödlichen Unfall meines Vaters zu berichten.

Nach der Trennung glichen sich bei meinem Vater und mir kurioserweise unsere Standpunkte zum Thema Freiheit stark an. In meiner Rebellionsphase hatten wir uns häufig über dieses Thema gezofft. Im Kern waren seine Weltsicht, sein Frauenbild und sein Freiheitsverständnis sehr konservativ und traditionell. Aber jetzt, wo er selbst in der Mitte seines Lebens noch mal neu anfing, wurde er milder und verständiger, was Beurteilungen von außen und eigene Bewertungen der Lebensentscheidungen anderer betraf. Viele Dinge musste er wohl gezwungenermaßen neu denken. Für einen Mann von seinem Schlag brachte die Scheidung sicher auch ein Stück weit das Gefühl mit sich, gescheitert zu sein. Was auch bedeutete, dass er sein Selbstbild revidieren musste, was zu den vielleicht schwierigsten Prozessen im Leben zählt. Zumal mein Vater selbst ohne Vater aufgewachsen war und sich alles selbst erarbeitet hatte.

Alle zwischenmenschlichen Beziehungen beruhen auf Bildern, die wir uns von unseren Partnern, Freunden, Familienmitgliedern und uns selbst machen. Die Frage ist immer: Liebst du den anderen wirklich um seiner selbst willen oder wegen des Bildes, das du dir von ihm machst? Ich glaube, dass wir ehrlicherweise meistens das Bild lieben. Und wenn dieses sich als trügerisch entpuppt, müssen wir wohl oder übel auch unser Selbstbild überdenken und damit unsere Sicht auf den Partner. Ich glaube, das fiel meinem Vater damals zunächst leichter als meiner Mutter. Es war für ihn allerdings auch einfacher. Schließlich war er derjenige, der die Trennung vollzogen hatte. Zugleich litt er stark darunter, denn die Familie war für ihn alles. In dieser Zeit waren wir uns sehr nah.

Ich lernte, dass die Art, wie zwei Menschen auseinandergehen, die Wahrheit ihrer Beziehung prägt. Trennung ist das Gegenstück zum Zusammenfinden. Während Letzteres oft über Rollenverteilung und Dynamik eines Verhältnisses entscheidet, prägt das Auseinandergehen die Erinnerungen. Wenn jemand am Ende aus Wut alles kurz und klein haut, wird das als bitterer Beigeschmack hängen bleiben, egal wie harmonisch die Zeit vorher war. Wenn dagegen ein versöhnliches Auseinandergehen gelingt, ist es leichter, einen zärtlichen Blick auf die gemeinsame Zeit zu behalten oder zu entwickeln. Im Hinblick auf die rückblickende Betrachtung des eigenen Lebens im Alter finde ich die Art und Weise von Trennungen deshalb fast genauso wesentlich wie den Mut, sie überhaupt zu wagen.

Ich tue mich auch mit Mitte fünfzig immer noch schwer damit, den Begriff Beziehungsarbeit als etwas Positives anzuerkennen. Auch wenn die Erfahrung gezeigt hat, dass sie meist gar nicht so unangenehm war wie vorher gedacht. Trotzdem mache ich die meisten Dinge mit mir selbst aus. Aus der eigenen Natur lernen und mit persönlichen Erfahrungen umgehen musst du ja am Ende auch selbst. Trotzdem verstehe ich nicht, warum immer alle heiraten müssen. Ich habe es noch nie getan. Mir kommt die Ehe wie eine mit hohem Renommee ausgestattete Utopie vor, die erdacht wurde, als die Menschen noch nicht so alt wurden und sich dabei so verändern konnten wie heute; ein Relikt jener Zeit, in der der tägliche Broterwerb und der als Anstand bezeichnete Stand in der Gesellschaft wichtiger waren als die Frage, ob man den anderen noch liebte. Dennoch bewundere ich Paare, die in dem einen oder der einen alles gefunden haben, was sie sich wünschen, und ein Leben lang glücklich sind. Die Poesie um das ständige Ringen darum bewundere ich sehr, und deswegen liebe ich vielleicht auch die Arbeit als Schauspieler, denn wenige Filme erzählen davon, was sich verändert, wenn das Feuer verglüht, der Rausch endet und im Alltag alles zu verblassen droht. Aber genug davon und zurück zum Thema.

Nach Madeira kam erst mal die eine große Reise ohne Rückflug, von der ich immer geträumt hatte. Die erste Etappe war natürlich New York. Dort wohnte ich übergangsweise bei Holger, dem genialen Trüffelschwein, das sich mit der Kunst anderer Leute an der R. A. P. P. Art Center eingeschlichen hatte. Besser gesagt, ich stellte meinen Rucksack bei ihm ab. Wohnen konntest du in dem winzigen Schuhkarton, den er sich in der 4. Straße im East Village mit einem transsexuellen Partymenschen teilte, eigentlich gar nicht. Wie alles im damaligen East Village war auch dieses Apartment völlig abgefuckt. Ein verdrecktes Loch in einem dieser alten Tenement-Gebäude, wo Kakerlaken noch das kleinste Problem waren. Der Putz bröckelte von der Wand, die Leitungen hingen aus der Decke, Möbel gab es keine. Nur eine dünne Matratze und einen Gaskocher am Boden. Standard in der Gegend. Damals dienten die Wohnungen im East Village den meisten Bewohnern nur als Schlafplatz, während sich das Leben großenteils auf der Straße abspielte. Ich fand es großartig.

Für mich war es praktisch, dass ich mit Holgers Wohnung eine feste Adresse hatte. Die brauchte ich, um ein amerikanisches Konto zu eröffnen. Ich zahlte also die 20 000 Mark, die ich durch zwei Jahre Bundeswehrsold plus Abfindung angespart hatte, bei der Citibank New York ein und gab bei der Kontoeröffnung Holgers Adresse als meine eigene an. Der offizielle Bestätigungsbrief der Bank war dann mein erster New Yorker Ausweis. Wenn man sich irgendwo als Anwohner ausweisen musste, zückte ich den Schrieb und kam damit immer durch. In den USA, wo es keine Meldepflicht gibt und die Leute sowieso ständig umziehen, ging so was. Und die Hightech-Kontrollen, die erst nach dem 11. September 2001 üblich wurden, waren noch nicht erfunden. Als der Citibank-Schrieb knitterig zu werden begann, ging ich mit Holger zu einem Gemüsehändler in Chinatown, der im Hinterzimmer seines Ladens zwischen Ginseng-Vorräten und Reissäcken eine Art Pass-Werkstatt betrieb. Dort holten wir uns eine amerikanische Fake-ID, die offiziell als Touristen-Souvenir angeboten wurde. Plötzlich war ich »Citizen of Albany in Upper New York State«. War mir recht, denn lustigerweise lag Albany in der Nähe von Copake, wo ich mein soziales Praktikum gemacht hatte. Außerdem lernte ich auf diese Weise dazu, dass die Hauptstadt des Bundesstaats New York nicht New York City, sondern eben Albany ist. In der Stadt benutzte ich den gefälschten Ausweis sicherheitshalber nicht, und musste es auch gar nicht.

»Du musst dir auch einen Presseausweis besorgen«, lag Holger mir ständig in den Ohren. »Damit kommst du überall umsonst rein.«

Er selbst hatte natürlich längst einen und kam tatsächlich überall rein, und sei es nur über irgendwelche Listen von Freunden von Freunden. Oft konnte er mich auch mitnehmen, aber eben nicht immer. Also beantragte ich so eine Art Schüler-Presseausweis in Deutschland und ließ mir aus Deutschland Briefe von Zeitungsredaktionen schicken, bei denen mein Vater mit seinem Personalberatungsunternehmen Anzeigen schaltete. Die Briefköpfe mit den Zeitungslogos kopierte ich auf Blankopapier, auf die ich handschriftlich Presseakkreditierungs-Anfragen an Theater und Museen schrieb. Eine davon schickte ich an die weltberühmte Metropolitan Opera. Dort sangen damals gerade Pavarotti und Placido Domingo. Ihre Auftritte waren ein Ereignis, und Karten für die Vorstellungen kosteten gerne mal 600 Dollar. Ich bekam sie umsonst. Denn die Met beantwortete meine Anfrage auf *Welt*-Briefpapier, indem sie mir für zwei Opern jeweils zwei Karten zuschickte. Bei der einen nahm ich Holger mit, bei der anderen Carlton.

Carlton war ein Freund, den Holger irgendwo im Club kennengelernt hatte und mir vorstellte. Er war gerade erst aus North Carolina nach New York gezogen. Ich mochte ihn von Beginn an sehr. Er sollte später noch eine zentrale Rolle in meinem Leben und auch in der Geschichte meines Bruders einnehmen. In dieser Anfangszeit war er für mich in erster Linie ein Gleichgesinnter. Abgesehen davon, dass er Amerikaner und dadurch mit allem etwas vertrauter war, war auch er ein New-York-Neuling, für den die Stadt noch voller Überraschungen steckte und der sie wie ich mit jedem Schritt erst entdeckte. Auch er war noch nie in der Met gewesen. Natürlich nicht. Die Oper lag irgendwo am Central Park und war völlig unerschwingliche Hochkultur. Unsere Welt war der Mikrokosmos der dreckigen Straßen, Clubs und Delis im East und West Village, die Met hingegen im Lincoln Center an der Upper East Side. Dazwischen lag Midtown mit dem Empire State Building, dem Times Square und Grand Central – also eine ganze Welt. Aber natürlich mussten wir dahin.

Der Opernausflug entpuppte sich als Reise ins Unbekannte, also als genau das, was ich total liebe. Wir Boys aus Downtown machten uns schick und verließen unser Ghetto, um den Duft des zivilisierten, strahlenden, reichen New Yorks zu schnuppern. Natürlich kamen wir zu spät. So mussten wir die erste Hälfte der Oper auf Fernsehern im Foyer gucken, weil man erst in der Pause zwischen den Akten den Saal wieder betreten durfte. Das hatte uns keiner gesagt. Für uns war es trotzdem ein Ereignis. Weil wir uns so fehl am Platze fühlten, waren wir total aufgekratzt und mussten die ganze Zeit über uns selbst lachen. Das war ehrlich gesagt genauso unterhaltsam wie Pavarotti. Und trotzdem verließen wir kultiviert, berührt und durch das gemeinsame Erlebnis zusammengeschweißt die Oper Richtung Village. Wir hatten den Weltstar Pavarotti im vielleicht berühmtesten Opernhaus der Welt singen sehen!

Am Ende gab es in der *Welt* tatsächlich einen Artikel über »Rigoletto«. Den schnitt mein Vater aus und schickte ihn mir nach New York. Ich kopierte meinen Namen drunter und leitete das Ganze mit Dank an die Met weiter. Die wiederum bedankte sich für die gute Zusammenarbeit. Wahrscheinlich hätte die Aktion sogar ein zweites Mal geklappt, doch dazu kam es nicht. Als das Treiben durch die Stadt nach ein paar Wochen anfing, zum Alltag zu werden, zog es mich weg von den Orten der Hochkultur. Statt eines weiteren Ausflugs an die Upper East Side trat ich die Reise an, für die ich ursprünglich hergekommen war – in die endlosen Weiten Amerikas, von denen ich bei J. D. Salinger und T. C. Boyle so viel gelesen hatte, und die den Mythos des Kontinents ausmachten, während New York immer auf seine ganz eigene Weise faszinierend blieb.

Als es so weit war, dass ich in den Greyhound-Bus Richtung Kalifornien stieg, wollte ich im ersten Moment dann natürlich doch nicht mehr weg. Da brach es mir das Herz, Holger, Carlton und die anderen im East Village hinter mir zu lassen. Aber ich liebe die Grenzmomente zwischen Abschied und Ankunft, zwischen Schmerz und Freude, zwischen Bekanntem und Unbekanntem. Da steckt die ganze Sehnsucht drin, die uns als

Menschen antreibt. Die Sehnsucht, die sich mal nach Fernweh und mal nach Flucht anfühlt. Solange ich die empfinden kann, habe ich das Gefühl, lebendig zu sein. Ich ahnte damals schon, dass ein Leben wohl nicht reichen würde, um alles zu sehen. Aber so viel wie möglich wollte ich aufsaugen. Das tue ich ja immer noch.

Als ich bei meiner Abreise aus New York im Greyhound-Bus Richtung Kalifornien aus dem Fenster starrte, konnte ich nicht ahnen, dass die gleiche Sehnsucht zur selben Zeit ungefähr 6000 Kilometer entfernt auch bei einem anderen Menschen ihre Wirkung zu entfalten begann. An diesem Ort standen statt Büchern Turnschuhe im Regal. Dieser Mensch hieß Sönke und war mein Bruder.

INDEPENDENCE DAY

Es kamen viele Dinge zusammen in dieser Zeit. Im Oktober 1990 wurde ich volljährig, die Trennung meiner Eltern ließ mich auch geistig ein gutes Stück erwachsener werden, und dann stand auch noch das soziale Praktikum an, das an unserer Schule die Voraussetzung für das Abitur war. Ich hatte schon vor ein paar Jahren, als Wotan von seinen Erfahrungen im Camphill Village von Copake geschwärmt hatte, darüber nachgedacht, ebenfalls dorthin zu gehen. Seine plastischen Schilderungen und Eindrücke hatten meine Neugier auf die große Ferne geweckt, wenn auch zunächst, ohne mir wirklich vorstellen zu können, ihr wirklich nachzugeben. Jetzt, um ein gutes Stück reifer, konnte ich es. Also meldete ich mich im Frühjahr 1991 ebenfalls in Copake an – und bekam eine Zusage.

Das Praktikum war für die letzten sechs Wochen des Schuljahres angesetzt, die perfekte Ausgangslage also, um einen USA-Urlaub in den Sommerferien dranzuhängen. Meine Mutter buchte einen Flug von Frankfurt nach Newark für Anfang Juni und einen Rückflug für Ende August. Ich hatte sagenhafte drei Monate Zeit in Amerika, dem Land, wo meine Lieblingsmusik zu Hause und die Hip-Hop-Kultur, die mich seit Jahren faszinierte, entstanden war. Der Wahnsinn. Aber es kam noch besser, denn Wotan und ich verabredeten, dass wir die Zeit nach meinem Praktikum gemeinsam in New York verbringen würden. Wenn ich mir vorstellte, dass wir die Verbindung, die wir in der Nacht im Ratinger Hof und auf Madeira aufgebaut hatten, nun in Big Apple vertiefen würden, platzte ich fast vor Vorfreude. Wotan hatte sogar schon einen Schlafplatz für uns organisiert. Wir sollten bei einem Typen namens Carlton wohnen, den er in New York kennengelernt hatte und der mit seinem Bruder in einer WG wohnte. Viel mehr besprachen wir, soweit ich mich erinnern kann, gar nicht. Wozu auch? Wir hatten einen Plan, ein Ziel, eine Verabredung und sogar eine Bleibe.

Als ich am Frankfurter Flughafen die Sicherheitskontrolle hinter mir gelassen hatte, meiner Mutter zum Abschied zuwinkte und mir klarmachte, dass ich jetzt zum ersten Mal in meinem Leben komplett auf mich allein gestellt war, wurde ich doch ganz schön nervös. New York lag über 6000 Kilometer entfernt, zwölf Wochen waren für den Teenager, der ich damals war, eine halbe Ewigkeit. Außerdem musste ich vor meinem Treffen mit Wotan noch das Praktikum hinter mich bringen, sechs Wochen im Camphill-Village von Copake, wo ich – so viel war mir im Vorhinein mitgeteilt worden – Landarbeit verrichten und die Farm-Bewohner betreuen sollte. All das in einer Sprache, von der ich bestenfalls Grundkenntnisse hatte, denn in Englisch war ich nie übermäßig gut gewesen. Aber was half es jetzt noch, sich den Kopf über solche Dinge zu zerbrechen? Ich würde es schon irgendwie hinbekommen. Musste ich ja.

Ich bekam es hin. Irgendwie. Zwar war ich schon nach der Organisation der Fahrt vom Flughafen in New Jersey nach Manhattan schweißgebadet und stieg anfangs erst mal in den falschen Bus, aber als ich schließlich doch am richtigen Ziel, der legendären Grand Central Station ankam, und in den Sound der Großstadt eintauchte, war ich wie elektrisiert. Ich war endlich da! In der Stadt des Hip-Hop, der Sneaker, Basecaps und dieser tollen Sprache, deren Klang mir von all den Tracks auf meinen Kassetten und Platten so unendlich vertraut schien, auch wenn ich sie in weiten Teilen schlecht verstand.

Entweder mag man New York, oder man verachtet die Stadt. Ich liebte sie auf Anhieb. Zwar war es der totale Kontrast zu Herne und dem Ruhrgebiet, aber sie kriegte mich trotzdem oder gerade deswegen sofort. Wie die meisten Menschen dieser Welt hatte auch ich Bilder von New York im Kopf, wie man sie aus Filmen, Gemälden oder der Literatur kennt. Die überfüllten Straßen, die unfassbar hohen Häuser, die Menschenmassen, die dampfenden U-Bahn-Schächte, die gelben Taxis, die Graffiti, die Wasser speienden Hydranten aus »Taxi Driver«. Jetzt bekamen diese Bilder einen Unterbau aus Gerüchen, Empfindungen und einer einzigartigen Akustik aus Stimmengewirr, Sirenengeheul, hektischen Schritten, Flüchen und Verkehrslärm. Die Aromen von Hotdogs, Kraut, Mandeln, gerösteten Kastanien und zahllosen anderen Köstlichkeiten, die überall an Verkaufsständen rund um den Bahnhof angeboten wurden, lagen in der Luft. Ich kaufte mir erst mal eine Pretzel und freute mich, dass ich die auch auf Deutsch bestellen konnte, weil der Wortlaut in diesem Fall ausnahmsweise fast identisch mit der deutschen »Brezel« war. Dann aß ich, guckte, hörte und schmeckte, roch und nahm alle Eindrücke ganz bewusst wahr, um bloß kein Detail zu vergessen. Eigentlich freute ich mich aufs Praktikum in Copake. Aber in diesem Moment wäre ich am liebsten direkt in dieser Großstadt der Sinne geblieben. Die Aussicht, gleich schon wieder Richtung Landleben abzudampfen, machte mich beinahe wehmütig. Aber ich tröstete mich damit, dass ich ja bald wiederkommen würde. Und dann würde Wotan da sein.

Aber jetzt brauchte ich erst mal ein Ticket. Die imposante Grand-Central-Haupthalle war der nächste Marathon der Eindrücke mit ihren gigantisch hohen Decken, dem Marmor, all den vergitterten Ticket-Schaltern und den Treppen, wo die berühmte Szene mit dem Kinderwagen für »Die Unbestechlichen« gedreht wurde. Ich war zugegebenermaßen ziemlich überfordert von der schieren Größe und Geschäftigkeit des New Yorker Hauptbahnhofes, aber irgendwie schaffte ich es, mir mit meinem dürftigen Englisch ein Zugticket zu besorgen. Der Rest meiner Zeit in Grand Central war eine wilde Mischung aus Müdigkeit, Neugier, Aufregung und zwischenzeitlicher Hilflosigkeit, als ich in der Vielzahl der Gleise und Ebenen nach meinem Bahnsteig suchte, den ich letzten Endes überraschend schnell fand. Im Grunde genau zum richtigen Zeitpunkt. Ich war so übersättigt von Eindrücken, dass ich sowieso nichts wirklich Neues mehr aufnehmen konnte.

Als ich endlich im Zug saß und die Anspannung von mir abfiel, merkte ich, wie müde ich war. Der erste Jetlag meines Lebens. Mein Körper wurde weich wie Wachs. Jetzt bloß nicht einschlafen, sonst verpasse ich am Ende noch den Ausstieg, dachte ich die ganze Zeit. Eigentlich eine unnötige Sorge. Denn so fertig ich körperlich war, mein Kopf arbeitete immer noch auf Hochtouren. Diese Mischung aus Erschöpfung und Aufgekratztheit werde ich für immer mit dieser Reise verbinden. Es heißt ja oft, die ersten 24 Stunden einer weiten Reise seien die Grundlage für ihren Gesamtverlauf, gerade, wenn man noch jung ist und nicht viel von der Welt gesehen hat. Für diese Fahrt kann ich das bestätigen. Sie war angefüllt von einem Staunen darüber, dass ich, der Junge aus Herne, diese Sache wirklich durchgezogen hatte und jetzt in Amerika war. Und von der Zuversicht, dass, wenn ich mich das getraut hatte, ich mich im Leben noch viel mehr trauen würde. Dieser Optimismus begleitet mich bis heute.

Copake war das ultimative Kontrastprogramm zum Sturm der Eindrücke der New-York-Ankunft. Dort war es ländlich, friedlich und idyllisch. Dafür war ich einmal um den halben Globus gereist? Es sah ja hier aus wie bei uns zu Hause. Das Camphill-Village lag 170 Kilometer nördlich von New York City, umgeben von Wäldern, am westlichen Rand des Naturschutzgebietes Taconic State Park. Das Dorf mit anthroposophischem Hintergrund umfasste neben einem Empfangsgebäude mehrere Wohnhäuser, eine große Farm, Stallungen, Scheunen, eine Bäckerei, mehrere Werkstätten, eine Weberei, eine Tischlerei, Weideflächen, Kornfelder und eine Gärtnerei mit großem Gemüsegarten. Statt Sirenen hörte man hier Vogelgezwitscher und das Muhen von Kühen, statt des Geruchs von Roasted Chestnuts und Hotdogs lag der Duft von frisch gemähtem Gras in der Luft, statt Taxis und Polizeiautos tuckerten Trecker durch die Gegend.

In den Wohnhäusern wohnten Familien mit bis zu sechs beeinträchtigten Erwachsenen, die damals noch als »Handicaps« bezeichnet wurden, heute meines Wissens aber nur noch als Community Members gelten, was auch besser passt. Denn genauso lebten wir. Als Community. Also als familienähnliche Gemeinschaft unter einem Dach. Ich war der Co-Worker, so hießen die Praktikanten, die aus den verschiedensten Ländern der Welt nach Camphill Village kamen.

Meine Gasteltern waren Stefan und Carol. Mit ihnen verstand ich mich auf Anhieb sehr gut, sie waren zwei spirituelle Menschen, die von der Idee der autarken Gemeinschaft und dem inklusiven Community-Konzept spürbar beseelt waren, aber sich nicht durchgedreht esoterisch zeigten. Von Anfang an war mir klar, dass ich Glück mit ihnen hatte, denn aus der Schule wusste ich, dass überall, wo es um Anthroposophie ging, immer auch Leute unterwegs waren, die deren Lehren einen religionsartigen Charakter zubilligten. Für solche Menschen ist alles, was von außen in ihren beschränkten Kosmos eindringt, erst einmal böse.

Die Gastmutter aus dem Nachbarhaus gehörte zu dieser Fraktion. Ich weiß nicht genau, warum sie seltsam auf mich reagierte. Vielleicht, weil ich Turnschuhe trug, die nicht aus den Siebzigern stammten, und penibel darauf achtete, dass sie sauber blieben. Oder weil sie mitbekam, dass ich einen Walkman hatte. Das war für sie Teufelswerk. Gott sei Dank wohnte ich nicht bei ihr im Haus. Sie mochte mich nicht und ich sie nicht, aber dafür mochte ich ihre Tochter. Sie hieß Kimberly, ein Landmädchen etwa in meinem Alter mit Sommersprossen, langen rotblonden Haaren und schönen grünen Augen. Sie sah älter aus, als sie war, und wusste ihre Reize bewusst einzusetzen, war also ganz anders als ihre strenge Mutter, auch, weil ihr der Schalk im Nacken saß. Deshalb ließ sie sich bereitwillig darauf ein, mich auf eine kleine Räubertour zu begleiten, die ich nach zehn Tagen auf der Farm startete.

Nach über einer Woche mit Hagebutten- und Fencheltee, Vollkornnudeln und selbst gebackenem Vollkornbrot hatte ich genug vom gesunden Essen. Da ich mitbekommen hatte, dass es hinterm Food-Shop des Village ein kleines Lagerhäuschen gab, in dem Coca-Cola und andere im anthroposophischen Kontext nicht gern gesehene Lebensmittel lagerten, beschloss ich, mit Kimberly dort einzusteigen. In der Nacht kletterten wir im klassischen Stil durchs Fenster. Ich war nicht schlecht überrascht von dem, was wir vorfanden: jede Menge Junkfood wie Chips, Cracker, Candys, Cheez Balls und so weiter. Das aßen hier wohl alle nur heimlich. Ich hatte im Village bis jetzt zumindest noch nie eine Chipstüte rumfliegen sehen. Aber das war in dem Moment unwichtig, denn Kimberly und ich machten uns über die Vorräte her wie ausgehungerte Piraten. Während um uns herum alle schliefen, saßen wir im Dunkeln auf dem Boden der kleinen Hütte, stopften kichernd Chips in uns hinein und tranken Cola. Eigentlich war es ja absurd, ich war seit zwei Wochen in den USA und hatte noch keine einzige Coca-Cola getrunken. Das holte ich jetzt stilecht nach, mit riesigen Dreiliterflaschen, wie ich sie vorher noch nie gesehen hatte. Ich musste schmunzeln, weil mir in dem Moment wieder einfiel, dass auch Wotan erzählt hatte, wie er während seines Praktikums eine Vorratskammer geplündert hatte. Irgendwie waren die Parallelen zwischen uns eben doch unverkennbar.

In meiner Begeisterung für den banalen Zuckerrausch übersah ich augenscheinlich, dass Kimberly gern noch was anderes im Dunkeln mit mir angestellt hätte. Sie kam immer näher, schaute mich mit schmachtendem Blick an und suchte zusehends Körperkontakt. An so was hatte ich wirklich überhaupt nicht gedacht, als ich sie zu unserem Raubzug aufgefordert hatte. Als ob ich etwas mit der Tochter von dem Wachhund aus dem Nachbarhaus anstellen würde.

So doof war ich nun wirklich nicht.

Ob jemand herausfand, dass ich die Vorratskammer geplündert hatte, war mir ehrlich gesagt ziemlich egal. Aber eine Community-Krise wegen eines unüberlegten Techtelmechtels auszulösen, erschien mir doch zu heikel. Also tat ich so, als würde ich die Annäherungsversuche nicht bemerken, und leitete stattdessen den Rückzug ein. Erst vor meiner Abreise erzählte mir Kimberly dann, dass sie total enttäuscht gewesen war, dass ich sie in der Nacht in der Vorratskammer so hatte auflaufen lassen.

Die eigentlich Augen öffnende Erfahrung in Copake war aber der Umgang mit den Community Members. Der lehrte mich einen differenzierten Blick auf Menschen im Allgemeinen und auf den vielschichtigen und ambivalenten Begriff des »Handicaps« im Speziellen. Die Differenzierung begann schon bei den sechs Community Members, die mit Carol, Stefan, ihren zwei kleinen Kindern und mir unter einem Dach wohnten: Steve, Peter, Chris, Eric, Betty und Sophie. Bei Steve verstand ich anfangs gar nicht, wo überhaupt seine Einschränkung lag. Im Gegensatz zu den anderen konnte er alles selbst machen und sah immer aus wie ein herausgeputzter Dressman. Außerdem war er ein Zeichen-Genie und konnte maßstabsgetreue Flugzeugpläne skizzieren, die uns in ihrer Präzision alle umhauten. Seine Einschränkung bestand eigentlich nur darin, dass er nie sprach. Ich fand nie so richtig heraus, ob er es noch nie getan hatte oder ob es in der Vergangenheit einen Auslöser gegeben hatte, der ihn hatte verstummen lassen. Dafür lernte ich schnell, wie gut man sich auch ohne Worte verständigen kann und wie unwichtig Sprache für den Aufbau einer vertrauensvollen Beziehung sein kann. Ich lernte Steve als einen der verlässlichsten, liebsten, demütigsten und würdevollsten Menschen kennen, die ich in meinem Leben je kennengelernt habe. Ich denke noch heute oft an ihn.

Ein paar Überraschungen erlebte ich aber natürlich doch. So wurde ich in einer meiner ersten Nächte in Copake zum Beispiel dadurch geweckt, dass plötzlich Eric vor meinem Bett stand und mir im Gesicht rumtastete. Ich erschrak und schnellte hoch, wodurch wiederum auch Eric erschrak, und großes Geschrei losbrach, bis Carol kam und die Situation beruhigte.

Einen Tag später hatte ich mit Chris, einem Mitbewohner mit Down-Syndrom, einen kleinen Vorfall, der mich anfangs verschreckte, über den wir später aber alle lachten. Ich war neben der Betreuung der Community Members in unserem Haushalt auch für die Arbeit auf der Farm eingeteilt. Der Farmer Paul war ein lustiger Typ. Er sah aus wie Robert Redford und hatte immer einen flotten Spruch auf Lager. Vor allem aber kannte er jeden Winkel der Farm wie seine Westentasche. Er zeigte mir alles, wies mich in die Landmaschinentechnik ein und brachte mir das Traktorfahren bei. Denn es war Erntezeit, ich sollte abernten und Heu und Weizen einholen. Mein Mitbewohner Chris arbeitete ebenfalls auf der Farm. Als ich zum ersten Mal das Gefühl hatte, beim Traktorfahren den Bogen rauszuhaben, und ein bisschen aufdrehte, häufte Chris gerade auf den abgeernteten Flächen mit einer Mistgabel Stroh auf. Als ich bei meiner kleinen Testrunde mit dem Traktor an ihm vorbeituckerte, guckte er erst misstrauisch, und als ich einmal wendete, hielt er bei der Arbeit inne und schien zu warten, was jetzt passierte. Ich winkte ihm zu, dann dachte ich, okay, jetzt zeig ich mal, dass ich Traktor fahren kann. Und fuhr mit erhöhtem Tempo zurück zum Feldrand. Leider brachte mir das nicht Chris' Bewunderung ein, sondern führte dazu, dass er auf einmal aufgebracht anfing zu rufen und mit seiner Mistgabel auf mich zustürmte, sodass ich abrupt abbremste, aus Schreck und Sorge, er könnte mir in die Quere laufen. Als der Traktor mit einem Ruck zum Stehen kam, schlug mein Herz bis zum Hals. Chris schien es ähnlich zu gehen. Auch er blieb stehen, immer noch mit erhobener Mistforke in der Faust, und wir sahen einander lange stumm an. Dann hörte ich Paul aus der Ferne rufen: »Du machst das gut. Aber fahr nicht zu schnell. Das mag

Chris nicht, es erschreckt ihn. Außerdem weiß er, dass es schlecht für den Motor ist.« Danach wusste ich Bescheid, entschuldigte mich bei Chris, und wir hatten nie wieder Probleme. Im Gegenteil. Wir hatten viel Spaß und alberten miteinander herum, sowohl bei der Arbeit auf dem Feld als auch zu Hause.

Rückblickend waren Vorfälle wie diese wohl nichts weiter als sehr ungefilterte Rituale des Kennenlernens. Ich war neu auf der Farm und musste meinen Platz in der Gemeinschaft erst finden und behaupten. Dazu gehörte auch, dass die Community Members austesteten, wie weit sie bei mir gehen konnten. Dass dieser Prozess zwischen uns großenteils über Gebärden stattfand, hatte auch mit beiderseitigen Kommunikationsproblemen zu tun. Während ich einige Bewohner nicht verstand, weil sie sich nur undeutlich oder gar nicht verbal artikulieren konnten, verstanden sie mich nicht, weil ich anfangs zu schlecht Englisch sprach und mir häufig der Mut fehlte, es einfach zu versuchen. Aber auch das legte sich nach einiger Zeit. Oft ist es wichtiger, Dinge einfach auszuprobieren und nicht zu lange über sie nachzudenken. Das heißt nicht, dass man sehenden Auges Fehler machen muss. Aber aus Angst vor Fehlern tatenlos zu bleiben, bringt weder einen selbst noch die Umwelt weiter. Das wurde mir hier sehr deutlich.

Copake bestand allerdings nicht nur aus Arbeit. Wir machten auch ein paar Ausflüge, die ich immer sehr genoss, weil sie mich an Orte führten, die ich im Gegensatz zum ländlichen Camphill Village, das sich nicht wesentlich von landwirtschaftlichen Gegenden in Europa unterschied, als uramerikanisch empfand. Einmal gingen wir mit allen Co-Workern und einigen Community Members bowlen. Das fand auf so einer Bowling-Bahn statt, wie ich sie bisher nur aus dem Kino kannte. Offenbar hatte ich bei diesen Filmen aber nie so richtig hingesehen, denn ich stellte erst hier fest, dass Bowlen und Kegeln nicht das Gleiche sind. Erst staunte ich über die Größe der Kugeln, dann fragte ich mich, wozu die drei Löcher sein sollten. Es wurde mir natürlich erklärt. Ohne Worte. Von Steve. Am Ende bowlte ich gar nicht mal schlecht und bekam sogar Applaus, weil ich, wenn auch mehr aus Versehen als aus echtem Können, einen Strike hinbekam.

Generell herrschte im Village eine sehr herzliche und liebevolle Atmosphäre. Es war eine starke autarke Gemeinschaft. Und das nicht nur suggestiv, sondern wirklich spürbar. Hier durfte jeder sein, wie er war, und es konnte sich jeder ausprobieren und Aufgaben suchen, die den eigenen Fähigkeiten und Wünschen entsprachen. Deshalb gingen auch alle in ihrer Arbeit auf. Es war erstaunlich, wie schnell die entspannte Atmosphäre dazu beitrug, Schwellenängste zu überwinden und den Blick zu weiten. Der Grundsatz, dass alle Menschen gleich, aber jeder auf seine ganz besondere Weise anders ist, wurde hier von einer theoretischen Formel zu einer gelebten Größe. Dafür, dass das Attribut der Einschränkung durchlässig wurde, gab es neben der Überwindung der Sprachbarrieren und einiger Kennenlernrituale noch viele andere kleine Beispiele. Am Ende merkte ich, dass die größte Einschränkung wahrscheinlich ein voreingenommener Geist ist. Für diese Erkenntnis bin ich immer noch unendlich dankbar.

Im Arbeitsalltag des Village konnte man die Welt da draußen schnell vergessen. Aber nach zwei Wochen meldete sie sich bei mir in Form eines Briefs von Wotan. Neben einem kurzen Schrieb, in dem er versicherte, wie sehr er sich auf unser Treffen in New York freute, enthielt der Umschlag einen ausgerissenen Zeitungsbericht über die Love Parade in Berlin. Ich hatte noch nie von dieser Veranstaltung gehört. Konnte ich auch gar nicht, denn sie stand damals noch in ihren Anfängen. Aber das Foto von auf der Straße tanzenden Techno-Kids, mit dem der Artikel bebildert war, machte spontan Lust, dabei zu sein. Neben dem Text hatte Wotan mit Edding notiert: »Nächstes Jahr gehen wir da zusammen hin.« Ich lächelte und nickte stumm, als ich das las.

Dieser Brief war wie ein Weckruf. Er brachte die Vorfreude wieder auf Touren, die die Herausforderungen des Eingewöhnungsprozesses im Camphill Village vorübergehend überlagert hatten. Auf einmal schienen mir die vier Praktikumswochen, die noch vor mir lagen, ewig und das ruhige, asketische Leben im Village ein bisschen farblos. Es war eine Fügung des Schicksals, als mich Stefan ein paar Tage später nach dem Abendessen zu sich bat und meinte, er müsse etwas mit mir besprechen. Anfangs bekam ich einen Schreck. Hatte er herausgefunden, dass Kimberly und ich in die Vorratskammer eingestiegen waren, und wollte mir eine Standpauke halten? Das Gegenteil war der Fall. Erst lobte er mich für meine Tüchtigkeit, dann fragte er, ob ich mir ein bisschen mehr Verantwortung zutrauen würde, und kam schließlich zum Punkt: »Wir haben überlegt, mit den Kindern in der Feiertagswoche zum Independence Day für eine Woche Carols Eltern zu besuchen, und da dachten wir … Also wir haben uns gefragt, ob du dir zutrauen würdest, das Haus mit all seinen Aufgaben und Pflichten für eine Woche allein zu schmeißen.«

Ich war überrascht. Damit hatte ich nicht gerechnet und wusste nicht recht, was ich antworten sollte. Einerseits freute ich mich, dass Stefan so viel Vertrauen in mich setzte, andererseits war ich mir unsicher, ob ich der Verantwortung gerecht werden konnte. Er nahm mir eine übereilte Antwort ab, indem er hinzufügte: »Im Gegenzug würden wir dir anbieten, dein Praktikum um zwei Wochen zu verkürzen. Dann hättest du noch ein bisschen mehr Zeit, um durchs Land zu reisen. Das wolltest du doch sowieso tun, oder?«

Nein, streng genommen wollte ich nicht durchs Land reisen, sondern nur mit Wotan New York kennenlernen, aber das war in diesem Moment völlig egal. Das Einzige, was zählte, war das Angebot. Das Praktikum um zwei Wochen verkürzen: Das bedeutete, dass ich statt der ewigen vier nur noch zwei Village-Wochen vor mir hatte. Und dass sich mein Großstadt-Abenteuer auf eine Dauer von gigantischen acht Wochen ausdehnen würde. Unter diesen Vorzeichen bekam das Stichwort Independence Day eine ganz neue Dimension. Und wie war das noch mal mit einfach ausprobieren und nicht zu lange über alles nachdenken ... Ich stimmte zu. Und auch wenn ich einen Heidenrespekt davor hatte, die Organisation des Alltags im Haus mit meinen sechs Mitbewohnern allein erledigen zu müssen, freute ich mich schon darauf, die Verantwortung für unsere Community zu übernehmen. Letztendlich ging auch alles gut und schweißte Steve, Peter, Chris, Eric, Betty, Sophie und mich noch stärker zusammen. Wir wurden zum Team, halfen uns gegenseitig, lernten die Qualitäten jedes Einzelnen zu schätzen und zu nutzen. Als Carol, Stefan und ihre Kinder von ihrem Elternbesuch zurück waren und mein Abschied von der Farm bevorstand, fiel es mir schwer, meine neue Community aus Freunden schon wieder verlassen zu müssen. Vier anstrengende, aber unglaublich ermutigende Wochen voller berührender Momente gingen zu Ende. Ich hatte ein bisschen Englisch, ein bisschen Haushaltsführung und Traktor fahren gelernt, mit Kimberly einen Cola-Rausch und mit Chris unzählige lustige Momente erlebt, ich hatte Steve beim Zeichnen zugesehen und mit Paul die Ernte eingebracht, ich konnte Bowlen von Kegeln und nonverbale von verbaler Kommunikation unterscheiden. Vor allem aber hatte ich gelernt, offen auf Situationen, Menschen und Aufgaben zuzugehen. Eine Lektion, die mich fürs Leben prägen sollte.

Als ich im Zug zurück Richtung New York City saß, war ich zufrieden, gespannt und ein bisschen wehmütig. Einerseits war die Vorstellung seltsam, dass der Alltag von Steve, Chris und den anderen nun ohne mich weiterging, andererseits freute ich mich auf mein neues Leben. Glücklicherweise war Wotan schon etwas früher nach New York gekommen, sodass er mich vom Bahnhof abholen konnte. Vor drei Tagen hatten wir noch einmal telefoniert. Dabei wurde mir zum ersten Mal bewusst, dass alles, was wir vorher in Ansätzen besprochen hatten, jetzt tatsächlich Wirklichkeit werden würde. Aus einem Gedanken wurde plötzlich etwas sehr Greifbares und Alltägliches. Es hätte genauso gut eine Verabredung in Herne betreffen können, als ich zum Schluss unseres Telefonats meine Ankunftszeit in Grand Central durchgab und Wotan antwortete: »Alles klar, ich hol dich mit Carlton vom Bahnhof ab. Bis dann!«

Auf Carlton war ich gespannt. Viel wusste ich nicht über ihn. Eigentlich nur, dass wir in seiner Wohnung übernachten würden, er dort mit seinem Bruder und zwei Frauen lebte, und dass er irgendwas mit Mode machte. Während die in der sengenden Sommersonne flimmernde Landschaft am Hudson River an mir vorbeiflog und ich vor Aufregung in jedem etwas höheren Gebäude, das am Horizont auftauchte, schon Manhattan zu erkennen glaubte, verflog die Wehmut, die den Anfang der Fahrt geprägt hatte, recht schnell. Stattdessen war ich entschlossen, ein neues Kapitel aufzuschlagen.

WELTEN

Was wohl in Zeze vorgegangen sein muss, als er an diesem brüllend heißen Julinachmittag mit dem Zug vom dörflichen Copake Richtung Central in NYC ratterte? Darüber machte ich mir damals gar keine Gedanken. Für Zweifel, ob es richtig war, ihn so uneingeschränkt in meiner New-York-Welt aufzunehmen, war vor lauter Vorfreude auf die gemeinsame Zeit, die jetzt kommen würde, keine Zeit. Zum Glück gab es ausgerechnet an diesem Tag viel zu tun. Für diesen Abend hatten Carlton, Andrea und die Mädchen in der Mokotov Gallery eine Party geplant, bei deren Vorbereitung ich natürlich half. Gleichzeitig konnte ich es kaum erwarten, Zeze im Big Apple zu begrüßen und ihm bald alles zeigen zu können.

Normalerweise reise ich am liebsten allein. Da kannst du deinem eigenen Rhythmus folgen und erlebst alles intensiver. Die großen Reisegeschichten passieren ja auch im Kopf, im Zwiegespräch mit dir selbst. Du musst deine eigenen Wege allein finden und ständig den Mut haben, über Grenzen zu gehen. Eine fremde Sprache lernst du viel schneller, wenn du allein unterwegs bist. Weil du dann selbst sprechen musst und nicht nachfragen oder es anderen überlassen kannst. Wenn du mit Freunden unterwegs bist, bleibst du immer ein Stück weit in der bekannten Welt. Das hat auch seinen Reiz, aber du versäumst auch etwas, nämlich die ungefilterte, direkte und eigene Auseinandersetzung mit Orten, Situationen und Menschen.

Bei meinem erneuten New-York-Aufenthalt am Ende meiner großen Amerikareise hatte ich mich enger mit Carlton angefreundet. Er war ein toller, ruhiger Mensch mit einer großen, weisen Liebe für das Wilde und Schöne im Leben. Carlton zeigte eine ungeheure Empathie und echtes Interesse an der Welt und der Gegenwart anderer. Er war der lächelnde, verständnisvolle, ruhige Pol, der mich machen ließ und sich an meiner

Energie zu erfreuen schien. Wir empfanden es beide als schicksalhaft, dass wir uns begegnet waren. Zuletzt hatte ich viel mehr Zeit mit ihm verbracht als mit Holger und dabei auch seinen Bruder Andrea und seine Freundinnen Alicia, Tanisha und Lietta kennengelernt. Die fünf waren seit Jahren befreundet, zusammen zur Schule gegangen und gemeinsam aus North Carolina nach New York ins East Village gezogen, beziehungsweise nach Alphabet City, der Teil des East Village, der östlich der 1st Avenue liegt, dort also, wo die Straßen keine Namen oder Nummern mehr haben, sondern nach Buchstaben geordnet sind, weil man vermutlich in grauer Vorzeit nicht damit gerechnet hatte, dass nach der 1st Avenue noch etwas kommen könnte. Jedenfalls lebten Carlton und seine Freunde aus North Carolina jetzt hier in einer Wohngemeinschaft, der Mokotov Gallery. Die hieß so, weil sie früher angeblich mal eine Galerie gewesen war. Das klingt schicker als in der Realität, denn es war einfach nur ein uferloser Raum ohne Fenster, mit einem kleinen Souterrain mit Küche und einem Schlafzimmer, das aus ein paar verdreckten Matratzen bestand. Auf jeden Fall war sehr viel Platz vorhanden, und als Carlton hörte, dass ich in Holgers Kakerlaken-Höhle auf dem Boden schlief, bot er mir sofort an, zu ihm zu ziehen. Dadurch wurde ich ein Stück weit zum Teil der Familie. Und als ich ihm von der erwarteten Ankunft meines Bruders erzählte, galt diese Einladung selbstverständlich auch ihm. In der Mokotov Gallery war ich quasi kein Tourist mehr, da war ich zu Hause, ein Familienmitglied. Gefühlt blieb ich das auch, als ich nach der Cross-Country-Reise zurück nach Deutschland ging. Ohne dass Carlton und ich darüber sprachen, war klar, dass ich bei meiner nächsten New-York-Reise natürlich wieder bei ihm wohnen durfte. Genauso wie klar war, dass niemand etwas dagegen haben würde, dass auch mein Bruder in der Gallery unterkommt. Platz gab es schließlich genug.

Während ich mich also auf die Ankunft meines Bruders freute, sah ich auch ihn gedanklich schon als Teil der Mokotov-Familie. Das war sie, die uneingeschränkte Einladung in meine Welt, über deren Für und Wider ich damals überhaupt nicht nachdachte. Trotzdem hätte ich sie meinen anderen Geschwistern oder den meisten Freunden aus Deutschland wohl nicht so klar ausgesprochen. Sie beruhte auf dem Wirgefühl, das zwischen Zeze und mir zuvor entstanden war. Ich hatte erkannt, dass uns etwas verband, das weit über Blutsverwandtschaft hinausging. Eine tiefere Gemeinsamkeit, die eine Neuerfindung von uns als Brüder und Freunde möglich machte. Vielleicht war es auch gar keine Erkenntnis, sondern einfach nur die Offenheit, Vertrautes und Neues verschmelzen zu lassen. Das wäre ja eigentlich am besten. Denn das entspricht einer Freiheit, die nichts fürchtet, erwartet und die man nicht erklären muss. Jener Freiheit, die wir danach tatsächlich erlebten.

LA DA DEE LA DA DAA

Da war er also, der Moment, der in meiner Vorstellung immer so surreal gewirkt hatte, in dem Wotan und ich Seite an Seite im New Yorker Chaos aus Verkaufsständen, Geschrei und vorbeidrängenden Menschen vor der Grand Central Station standen. Neben uns Andrea und Carlton. Der Erste groß, energisch und mit einem kleinen Stickie im Mundwinkel, der Zweite etwas kleiner, sanfter und wundervoll herzlich. Dazu Wotan. Dessen Erscheinung in der Großstadtkulisse auf einmal überhaupt nichts Unwirkliches mehr hatte, sondern perfekt mit ihr zu harmonieren schien. Der Rest: ein Wimpernschlag. Zeit, die Begrüßung auszukosten, hatten wir nicht.

Die drei waren mit dem Auto gekommen. Irgendein alter Chevrolet, der seine besten Tage hinter sich hatte und schleunigst weggefahren werden musste, weil sich hinter ihm schon die nachfolgenden Autos stauten, während Taxifahrer sich aus dem Fenster lehnten und uns Verwünschungen zuriefen. Ich weiß noch, dass ich es ziemlich lustig fand, wie lässig Andrea das Gezeter abwinkte und den Schreihälsen mit eigenen Flüchen antwortete. Ich verstand zwar nicht so richtig, was er sagte, aber mir gefiel sein Sprachrhythmus, die latente Ironie in seinem Tonfall, und generell die Art, wie er den anderen Paroli bot. Später erkannte ich, dass diese Schlagfertigkeit typisch war für New York. Wo in Deutschland schon längst die Fäuste geflogen wären, wurden Aggressionen hier mit Worten, Ironie und Charme beantwortet. Ich habe diese Gelassenheit nirgendwo sonst in dieser Form erlebt. Ich verbinde sie bis heute mit der Stadt.

Dann ging die Fahrt in dem schwankenden Chevy auch schon los. Alle Fenster bis zum Anschlag runter- und das Radio voll aufgedreht, wackelten wir durchs Stop-and-Go des New Yorker Feierabendverkehrs. Andrea fuhr, Carlton saß auf dem

Beifahrersitz, Wotan und ich hinten. Wir schwitzten alle wie verrückt, denn an der Hitze im Wageninnern änderten auch die geöffneten Fenster wenig. Ich neigte den Kopf aus dem Fenster, sah an den Fassaden der Wolkenkratzer hoch, sog die heiße, staubige, stinkende Luft in die Nase, schloss die Augen und ... Vollbremsung. »Okay, go Girls«, rief Andrea, und schon sprangen Carlton und Wotan gleichzeitig aus dem Wagen und verschwanden im Eingang eines Beverage-Stores am Straßenrand. Erst wollte ich fragen, was sie vorhatten, aber weil die Musik so laut war und Andrea sich nicht um mich kümmerte, sondern nur gedankenverloren seinen Stickie rauchte, aus dem Fenster sah und mit der Hand im Rhythmus der Beats aufs Lenkrad trommelte, ließ ich es bleiben und hörte stattdessen selbst der Musik zu. Ich weiß noch, dass ich sie unfassbar gut fand und dachte, dass ich so was im deutschen Radio noch nie gehört hatte. Doch bevor ich fragen konnte, was gerade lief, tauchten Carlton und Wotan wieder auf. Sie schleppten ein dickes Bierfass, das sie giggelnd versuchten, im Kofferraum zu verstauen, der aber zu klein war für das Riesending, das daraufhin zwischen Wotan und mir auf der Rückbank Platz fand. Währenddessen hupten hinter uns schon wieder die ersten Taxifahrer. Und Andrea brüllte irgendwas aus dem Fenster. Und vom Bürgersteig wehte mir ein heißer Fön den Duft von Hotdogs und Kraut in die Nase. Welcome to New York City!

Um aber mal kurz auf Wotans Frage nach meinen Erwartungen einzugehen: Sie waren wohl ein diffuses Gemisch aus den Eindrücken der ersten Stunden nach meiner Ankunft vor zwei Wochen, ein paar Hip-Hop-Klischees und dem Kartenstudium, das ich betrieben hatte, nachdem Wotan mir vor ein paar Tagen die Koordinaten unserer Bleibe durchgegeben hatte. Alphabet City, neunte Straße, zwischen Avenue C und D. Auf dem New-York-Stadtplan, den ich im Camphill-Village in einer Schublade gefunden hatte, sah das für mich folgendermaßen aus: Unser Block lag im südlichen Drittel der Manhattan-Halbinsel, grob zwischen World Trade Center und Empire State Building, also offenbar sehr zentral inmitten der Straßenschluchten zwischen den Wolkenkratzern. Zwei Ecken weiter rechts war mit dem Tompkins Square Park eine Grünfläche eingezeichnet, also hatten wir trotzdem Natur in der Nähe. Nach links war es nicht weit bis zum East River, also lag das Ganze offenbar auch noch am Wasser. In meiner völligen Unkenntnis der Bezirke und Dimensionen sah alles nach Volltreffer aus. Den Rest ließ ich auf mich zukommen – und er kam.

Als Carlton mir zurief, dass jetzt das East Village beginnt, war ich überrascht. Hier sollten wir uns jetzt zwei Monate aufhalten? Es sah deutlich heruntergekommener aus, als ich es mir vorgestellt hatte. Ausgeschlachtete Autos, verfallene Häuser mit zugemauerten Fenstern, verhuschte Gestalten an den Straßenecken. All die Details, die ein Blick auf den Stadtplan nicht offenbarte, sprangen mich hier in einer eher ruinösen Form an. In diesem Moment hätte ich mir nicht träumen lassen, dass ich diese Gegend schon sehr bald für ihren eigenen Charme und ihre skurrilen Eigenheiten lieben würde.

Wir fuhren an der Mokotov Gallery vor, die sich als einstöckiger Flachbau herausstellte, der ein bisschen aussah wie ein schwarz angestrichener Supermarkt. Allerdings ohne Fenster und mit einer massiven Stahltür als Eingang. Ich war ehrlich gesagt nicht sicher, ob das jetzt wirklich schon die Wohnung war oder nur der Veranstaltungsort der abendlichen Party. Vom East River war nichts zu sehen, von Grünflächen und Hochhäusern auch nicht, dafür lag gegenüber eine Brachfläche, auf der Obdachlose und Junkies rumhingen, während jede Menge Müll in der Sonne vor sich hin dünstete. Es hing ein leicht fauliger Gestank in der Luft. Solche atmosphärischen Eigenheiten hatte mein Stadtplan natürlich nicht mit angezeigt. Aber egal, wir mussten erst mal das Bierfass in die Gallery hieven.

Hinter der Stahltür eröffnete sich ein riesiger Raum mit ein paar Säulen und einer Küchenzeile, in dem bereits drei Mädchen herumalberten, während zwei große Lautsprecherboxen Crystal Waters' »Gipsy Woman« durch den Raum bliesen. Dieser Song mit dem legendären »La Da Dee La Da Daa« würde für mich auf immer und ewig mit dieser Zeit, diesem Ort und allem, was danach kam, verbunden sein. Die Mädchen stellten sich als Tanisha, Liata und Alicia vor. Spätestens, als sie erwähnten, dass sie »auch hier wohnten«, dämmerte mir, dass dieser schwarz gestrichene Supermarkt gegenüber einer Müllkippe für die nächsten acht Wochen auch mein Zuhause sein würde. Dann sagte Wotan schon: »Komm, ich zeig dir, wo wir schlafen«, und führte mich nach unten in den Keller. Aber das machte hier keinen Unterschied, denn das Erdgeschoss war ebenfalls fensterlos. Auch hier eine Küchenzeile, ein Gang, an dessen Ende das Bad lag und ein weiterer Raum, in dem zwei Doppelstockpritschen und ein paar Stellwände standen.

»Nimm einfach das nächste freie Bett, feste Schlafordnung gibt's nicht«, sagte Wotan, drückte mir einen Kuss auf die Wange und fügte »Schön, dass du da bist« hinzu. Dann rannte er wieder nach oben. In den Minuten danach folgte ein kurzer Moment der Besinnung, der einzige in den Stunden unmittelbar nach meiner Ankunft. Ich weiß noch, dass mich die Schlafsituation mehr an ein U-Boot erinnerte als an eine Wohnung. Und dass ich Hunger hatte und dachte, wir würden erst einmal in Ruhe was essen. Aber an diesem Tag kam alles ein bisschen anders, als ich erwartet hatte.

Statt Essen gab es Bier, statt Ruhe kamen die Gäste. Tänzer, Designer, Drag-Queens, Fashion-Kings, Fashion-Victims, die meisten schwarz und fast alle schwul. Der häufigste Gruß, den ich an diesem Abend von den Gästen hörte, war »Hey Girl«, zumindest, wenn sie jemanden begrüßten, der wie ein Boy aussah. Ich ahnte schon, dass meine Hip-Hop-Affinität hier nur bedingt auf Gegenliebe stoßen würde. Die Bestätigung bekam ich wenig später im Rahmen eines kurzen Gesprächs mit Andrea, der mir, einen Joint rauchend und in der ihm eigenen

Entschiedenheit, erklärte, dass kein vernünftiger Schwarzer einen anderen Schwarzen »N*****« nennen würde, Hip-Hopper mit diesem Slang rassistische Stereotypen bedienen und die meisten von ihnen, darunter Erick Sermon, den ich immer auf dem Cover meiner EPMD-Platten bewundert hatte, homophob seien. Zu einer lebhaften Debatte entwickelte sich die Unterhaltung nicht, dazu war ich mit meinem lückenhaften Rumpfenglisch, an dem auch vier Wochen Copake kaum etwas geändert hatten, gar nicht fähig. Aber die Kernaussagen von Andreas Monolog kamen trotzdem an. Dass er selbst schwarz und schwul war, verlieh seinen Worten ein zusätzliches Gewicht und machte mich nachdenklich.

Bald darauf wurde ich an die Luft gesetzt, weil jemand an der Tür stehen und die Leute reinlassen musste. Jetzt war ich es, der mit »Hey Girl« begrüßt wurde. Aber ich ließ mich von Koketterien nicht einwickeln. Jeder musste die Frage »Who invited you?« beantworten. Wenn jemand weder Carltons noch Andreas, Alicias oder Tanishas Namen kannte, ließ ich ihn nicht rein. Ich nahm diesen Job echt ernst. Eigentlich kompletter Wahnsinn: Ein achtzehnjähriger Junge aus dem Ruhrgebiet, der nachts zuvor noch in einem anthroposophischen Camp dem Zirpen der Grillen gelauscht hatte, weil er vor Aufregung nicht schlafen konnte, gab 24 Stunden später den strengen Bouncer auf einer schwulen Party im Ghetto von Alphabet City.

Nebenbei freundete ich mich mit den Obdachlosen an. Anfangs blockte ich ihre »C'mon, get me a beer?«-Rufe noch ab, aber nachdem ein paar motorisierte Gäste mich gebeten hatten, ihre Autos im Blick zu behalten, einigte ich mich mit den Homeless-Leuten auf einen Deal: »Ihr passt auf, dass die Autos nicht geknackt werden, ich geb euch Bier.« Darauf schlugen sie ein. Sie waren in dieser Nacht wahrscheinlich die glücklichsten Parkwächter von New York. Vielleicht auch die besoffensten. Aber offenbar nahmen sie ihren Job ernst, zumindest habe ich nicht mitbekommen, dass an dem Abend Autos gestohlen wurden.

Irgendwann kamen weniger Gäste, und es wurde ruhiger. Ich konnte endlich innehalten und die Atmosphäre auf mich wirken lassen. Der Mülldunst des Tages war dem fiebrigen Duft der Freitagnacht im East Village gewichen. Benzin, Asphalt, Abgase und Elektrosmog lagen darin, gelegentlich auch Wolken von Schweiß, Zigarettenqualm und Parfüm, wenn mal wieder eine Gruppe Girls nach draußen stolperte, um Luft zu schnappen oder zu rauchen. Irgendwann mischte sich ein Hauch von Frische darunter. Aber vielleicht bildete ich mir den auch ein, weil der Mond, der hoch am Himmel stand und die Brache gegenüber mit seinem Licht in einen blauen Schimmer tauchte, mich an Copake erinnerte. Dort war ich oft nachts rausgegangen und durch die Stille der Felder und Wiesen gelaufen. Kaum vorstellbar, dass der Mond, den ich dort gesehen hatte, der gleiche war, der hier schien, wo trotz einer gewissen Düsternis überhaupt nichts still war. Wo ständig irgendwo ein Feuerzeug aufflammte, eine Gestalt sich vorbeistahl oder in der Ferne ein Alarm losplärrte. Wie vor vier Wochen nach meiner Ankunft am Hauptbahnhof wollte ich mir auch jetzt nichts entgehen lassen. Wollte die Eindrücke meiner ersten Nacht im Village festhalten, das zwar nicht inmitten von Wolkenkratzern lag, und auch sonst viel heruntergekommener war, als ich mir New York vorgestellt hatte, aber seinen ganz eigenen Herzschlag hatte, den ich mir einbildete zu spüren, wenn ich die Augen schloss und in mich hineinhorchte. In Wirklichkeit fühlte ich wahrscheinlich einfach nur die Beats, die hinter der Stahltür die Wände der Mokotov Gallery erbeben und die Partygäste immer wieder vor Glück juchzen ließen.

Als endgültig keine weiteren Gäste mehr kamen und stattdessen die ersten gingen, folgte ich dem dröhnenden Rhythmus. Die Musik war liebevoll arrangiert, schön konstruiert und deutlich melodischer als der Acid House, den ich aus Deutschland kannte. Außerdem war sie tanzbar. Sie sickerte ein in den Organismus, vertrieb die Müdigkeit. Gerade als Crystal Waters ein weiteres Mal zu singen begann, war plötzlich Wotan neben mir, warf seinen Arm um meine Schulter und rief mir ins Ohr: »Na, wie gefällt dir deine Welcome-Party?«

Ich strahlte ihn nur wortlos an. Da waren wir nun, endlich vereint, Seite an Seite, mein Bruder und ich.

CARELESS

Auch wenn es sich so anfühlte, erkannte Zeze wohl schon damals, dass es keine Welcome-Party für ihn war, sondern einfach eine Party, und zwar die einzige mit diesen Ausmaßen, die in der Gallery je stattfand. An diesem Abend hat er übrigens seinen neuen Spitznamen bekommen. Sönke mit Ö konnten die Amerikaner natürlich nicht aussprechen. Da kam immer nur »Sonky« oder »Sinko« oder irgendetwas anderes bei raus, was entweder asiatisch oder skandinavisch klang. Deshalb schlug Carlton irgendwann vor, dass wir ihn Zeze nennen. Das fand er gut, und es konnten sich alle auf Anhieb merken. Es war lustig, als am Ende der Party die letzten Gäste abhauten und alle artig »Bye, bye, Zeze« riefen. Die mochten ihn ja auch alle sofort. Er ist ein bisschen wie Carlton. Ein Typ, der nicht aneckt, sondern immer eine Verbindung herstellt. Zu Recht. Einmal sagte ich zu ihm: »Wenn ich wählen könnte, würde ich allen meinen Partnerinnen dich statt mich als Partner wünschen.«

Vielleicht sollte ich noch erzählen, wie ich damals überhaupt in die ganze New Yorker Mixed- und Schwulenszene reingeraten bin. Ich glaube, dass wir in keinem anderen Umfeld diese ganze neue Welt von Vielfalt, Auflösung von Geschlechterklischees und überhaupt die gelebte Abstinenz von Konventionen und vor allem die verbindende Lust auf das Leben so erlebt hätten. Zu dieser Lust gehörten Rausch und Freiheit. Und die wollten wir auch.

Carlton arbeitete neben seinem Tages-Job in einem Modeladen am World Trade Center zusätzlich an seiner eigenen Designer-Karriere und kannte deswegen alle möglichen Leute aus der Fashionszene. Andrea hingegen, sein älterer Bruder, der ganz anders tickte, war Tänzer und lange Teil der berühmten Bill T. Jones Dance Company. Er liebte die Nacht und den freudigen Exzess. Sie wussten immer, wo was los war und über wen man reinkam in die ganzen Clubs, die später legendär wurden – Sound Factory, Limelight, Roxy, Palladium. Sobald ich Teil der Mokotov-Familie war, galt das irgendwann auch für mich, also wurde auch ich auf die Gästeliste gesetzt. Und da ich viel und gerne feiern ging, neugierig war und obendrein aus Europa kam, war das Ganze irgendwann ein Selbstläufer.

Ich glaube, alle, denen ich in den Nächten begegnet bin, gingen selbstverständlich davon aus, auch ich sei schwul, denn so eine ungezügelte Energie war im konservativen, doppelmoralischen Amerika bei einem Hetero undenkbar. Sich gehen lassen und rumalbern fanden dort viele »schwul«. Bei einigen ging es sogar so weit, dass kochen mit Olivenöl vielleicht nicht als »gay«, zumindest aber als suspekt galt. Der echte Amerikaner kochte mit Fett.

Im Südstaaten-Dunst von North Carolina waren Carlton, Andrea und die anderen in einer Welt aufgewachsen, die von diesen erzkonservativen Werten durchdrungen war und die sie als Schwule verleugnete und anfeindete. Ein weiterer Punkt, in dem sie den Werten der Rednecks ihrer Heimatstadt Wilmington widersprachen, war ihre Hautfarbe: sie waren Schwarz. Damit fanden sie sich von Geburt an in die Defensive gedrängt. Es war und ist leider immer noch eine Tatsache, dass Weiße mehr Rechte haben als Schwarze und Rassismus zum Alltag der USA gehört. Es gibt immer noch Taxifahrer, die für Schwarze nicht anhalten, es gibt Partys, auf denen Schwarze nicht erwünscht sind, es gibt dumme Sprüche, haarsträubende Vorurteile und gewaltsame Übergriffe. Und viel zu oft wird von der Polizei und dem Gesetz wie selbstverständlich der Schwarze als Schuldiger ausgemacht. Darüber hinaus gibt es ohne Ende Beispiele für subtilen Alltagsrassismus.

Carlton, Andrea und die meisten ihrer Freunde waren mit Diskriminierungserfahrungen aufgewachsen. Für sie war es überlebenswichtig, dem Freiheitsversprechen der Großstadt New York zu folgen, wo die kleinkarierten Regeln der Countryside nicht galten, weil die Stadt wegen ihrer Einwanderungsgeschichte seit jeher ein Melting Pot der Kulturen gewesen war, sodass jeder so sein konnte, wie er wollte. Außerdem hatte die Erfahrung von Rassismus zur Folge, dass die beiden ein distanziertes Verhältnis zu ihrer Heimat hatten. Zwar war auch ihnen der Mythos Amerikas als unangefochtene Krone der menschlichen Zivilisation, als *God's own Country* beigebracht worden, aber sie waren eben Schwarz und daher keine ignoranten Jubelpatrioten, sondern aufgeschlossener für fremde Kulturen und überzeugt von der Gleichheit der Menschen vor dem Gesetz, der Humanität und dem Respekt gegenüber der Schöpfung insgesamt.

Und dann trafen sie, kurz nachdem sie der Enge Wilmingtons entflohen waren und New York, die Stadt der Träume, erreicht hatten, auf einmal auf mich, der als Punk gegen alle Konventionen aufbegehrt hatte und als heterosexueller Mensch auch auf der Suche nach der großen Freiheit war, dem schon immer die gesellschaftliche Forderung nach geschlechtsspezifischen Verhaltensregeln ein Rätsel gewesen war, der Deep House liebte und sich dazu frei und ungehemmt bewegte. Wir passten also perfekt zusammen.

Dass ich selbst für schwul gehalten wurde, war mir völlig egal. Weil es in Sönke und meiner Erziehung selten binäre Kategorien wie männlich/weiblich; Schwarz/weiß und homo/hetero gegeben hatte. Was zählte, war der Mensch. So war es auch hier. Wir feierten einfach unsere Freiheit, die Kunst, die Ästhetik, den Frieden und die Schönheit aller. Ohne Aggression, sondern voller Lebenslust. Die Amerikaner bezeichneten diese Haltung als »careless«. Das trifft es für mich noch besser als die direkte deutsche Übersetzung »sorglos«, obwohl auch das passt.

Zeze hatte dieselbe Haltung. Weder am ersten Abend noch danach kamen Fragen wie »Warum sind hier eigentlich nur Schwule?« oder irgendwelche abwertenden Kommentare dazu. In dieser Beziehung war auch er völlig careless. Jetzt waren wir es also zusammen. Damit begann der Rausch, der Strom kleiner und größerer Ereignisse, von dem wir uns treiben und mit der Zeit mitreißen ließen. Er war ein Gefühlskaleidoskop aus Erlebnissen, Begegnungen, Bewusstseinszuständen, Verirrungen und Gefühlen, das sich erst im Nachhinein zu dem Gesamtbild unserer heutigen brüderlichen Verbundenheit zusammenfügte.

RAUSCH

DAYBREAK

Als ich nach der Party in meine durchgelegene Koje krabbelte, dachte ich, dass ich jetzt erst mal ewig ausschlafen würde. Eigentlich hätte ich das gebraucht, aber es klappte nicht. Vielleicht war ich zu aufgekratzt oder die Situation zu ungewohnt, oder es war einfach zu heiß, um wirklich zur Ruhe zu kommen. Nachdem zum dritten Mal jemand aufs Klo gepoltert war und geräuschvoll im Kühlschrank nach irgendetwas gesucht hatte, hatte ich keine Lust mehr, im eigenen Sud herumzuliegen, und beschloss, mich ein wenig umzuschauen. Also zog ich mir schnell etwas an und unternahm einen kleinen Spaziergang durchs morgendliche East Village. Die Sonne stand noch tief, aber es war schon warm. Oder noch warm, denn richtig abgekühlt war die Luft die ganze Nacht nicht. Im Licht des anbrechenden Tages fiel mir erst richtig auf, wie fertig die Gegend mit ihren abrissreifen Häusern mit zugemauerten Fenstern und ihren nackten Brandwänden aussah. Auf der Brachfläche gegenüber der Mokotov Gallery rottete zwischen dem Müll ein abgewracktes Auto vor sich hin. Einer meiner obdachlosen Freunde von gestern schob geistesabwesend einen Einkaufswagen voller Zeug durch die Gegend, grüßte mich aber trotzdem freundlich mit: »How ya doing?« Ich erwiderte den Gruß und ging weiter. Für einen kurzen Moment musste ich daran denken, dass ich mir gestern früh noch den Kuhdreck vom Camphill Village aus dem Schuhprofil gekratzt habe. Aber jetzt war ich endlich hier, im East Village. Von Village zu Village. Sie hätten unterschiedlicher nicht sein können. Von Copakes grüner Beschaulichkeit war im East Village nichts zu spüren, hier bestand alles aus Stein und Staub. Trotzdem sah es ganz anders aus, als ich es mir vorgestellt hatte, denn es gab keine Hochhäuser. Damit war der Unterschied zur Gegend rund um Grand Central gewaltig. Da trotzdem das Big-City-Flair in der Luft hing, entfernte ich mich nicht allzu weit von der Mokotov Gallery, aus Angst, mich zu verlaufen. Dass es wegen des Schachbrettsystems und der durchnummerierten Straßen nahezu unmöglich war, sich zu verirren, sollte ich erst noch im Laufe des Tages lernen. Als ich zurück zur Gallery kam und die Stahltür aufschloss, kam mir im Wohnzimmer schon Wotan entgegen. »Komm, wir gehen frühstücken«, sagte er. Erst da fiel mir auf, dass ich seit meinem Hungergefühl gestern Abend nicht mehr ans Essen gedacht hatte.

DELI

So fing eigentlich jeder Tag an. Aufwachen, schnell etwas überziehen, erst einmal irgendwo frühstücken. Lange drinnen rumzuhängen mag ich nicht, denn das richtige Leben findet immer draußen statt. Essbares im Kühlschrank gab es in der Mokotov Gallery sowieso selten. Immer wenn die Stahltür des dunklen Bunkers hinter mir ins Schloss fiel, atmete ich auf, trotz des Mülls und der ruinenartigen Häuser in unserer Nachbarschaft. Da lag dann der ganze Tag vor mir, und die Stadt schien nur darauf zu warten, erobert zu werden. Ich führte Zeze zum Frühstück in einen Deli an der 1st Avenue, Ecke 12th Street, und führte ihn dabei in die Feinheiten der amerikanischen Deli-Kultur ein. Beziehungsweise in die Rituale, die nötig waren, um wirklich das zu bekommen, was man wollte. In Deutschland war es damals ja noch unüblich, dass man jede Zutat selbst aussuchte. Welche Brotform, geröstet oder nicht, welches Gemüse, welcher Cold Cut sollte es sein? Cheddar, American Swiss oder Pepper Jack Cheese? French Mustard, Mayonnaise oder Pickle Relish? Mit Tomate oder Salat? Im Deli musstest du genau wissen, was du wolltest, sonst warst du bei der Bestellung verloren und kapituliertest irgendwann vor dem stakkatoartigen Fragefeuer des mal mehr, mal weniger freundlichen Latinos hinterm Tresen mit einem kleinlauten »With everything please«. Als Zeze das Getränk orderte, ging er auf Nummer sicher und bestellte »One Fanta«, weil er Fanta-Flaschen im Kühlschrank hinter der Kasse gesehen hatte. Der an diesem Tag schlecht gelaunte Typ am Tresen erstarrte, fixierte meinen Bruder und blaffte: »What's Fanta?« Ich hätte mich wegschmeißen können, als Zeze entgeistert auf den Kühlschrank deutete, um sich verständlich zu machen. »What's Fanta?« ist bei uns seitdem ein geflügeltes Wort. Ich glaube, dass wir am Ende trotzdem mit einer Cola rausgegangen sind.

WALK

Eine Erkenntnis unserer Zeit in New York war für mich, dass es möglich ist, aus totalem Chaos eine Struktur zu schaffen. Anfangs war das eine Umstellung, aber sie fiel mir erstaunlich leicht. Nach dem geordneten Leben und den geregelten Tagesabläufen im Camphill Village legte ich den Schalter um und passte mich dem hektischen und zunächst chaotisch wirkenden Großstadtleben an. Seltsamerweise war das wuselige Treiben in der WG, wo ständig die Bettenbelegung, die Mitbewohner und die Besucher wechselten, sogar etwas, das mir Halt gab. Unsere Tagesgestaltung war selten geplant, sondern »passierte« uns meist irgendwie, wirkte aber trotzdem nie beliebig. Ähnlich verlief es mit unseren Streifzügen durch die Stadt. Diese waren ebenfalls Routen des Zufalls, schienen aber immer einem inneren Kompass zu gehorchen, der zu neuen Entdeckungen führte. Nach dem obligatorischen Deli-Frühstück liefen wir los, durch unser East Village, das sich schon nach ein paar Tagen wie eine Heimat anfühlte, in der wir uns uneingeschränkt wohlfühlten. Wir zogen durch die Secondhand- und Plattenläden, sammelten Flyer für Best-Lunch-Offers, besuchten Holger in seinem vollgestellten Mini-Apartment am Waverly Place und Carlton bei seiner Arbeit in einem Klamottenladen am World Trade Center und ignorierten konsequent die klassischen Sehenswürdigkeiten der Stadt. Empire State Building, Freiheitsstatue, Wall Street und so weiter waren uns egal. Wir fühlten uns nicht als Touristen, sondern gehörten als Mitglieder der Mokotov-Familie automatisch zum East-Village-Kosmos, von dem wir jeden Tag zu Fuß in andere Stadtteile ausschwärmten. Unglaublich, was wir in diesen Wochen an Strecken zu Fuß abgerissen haben. Es war nichts Ungewöhnliches, dass wir an einem Tag von Downtown zum Ende des Central Parks oder sogar noch weiter und wieder zurück liefen. Wir müssen unzählige Meilen gelatscht sein. Trotzdem hatten wir abends noch Lust zu tanzen. Das lag wohl an dieser Stadt und deren unendlichen Energiereserven, die auch auf uns übergingen.

DON'T WALK

Na klar, wir waren ständig in Bewegung – und das selten mit der Subway, die im Sommer immer nervig, weil zu heiß und zu voll, war. Außerdem sind ihre Eingangsschächte bekannt als öffentliche Toiletten, und im Hochsommer hing in ihnen immer ein beißender Geruch. Hinzu kommt, dass sie die älteste U-Bahn der Welt ist, was man ihr deutlich anmerkte. Wenn wir doch zu weit gegangen und zu müde waren, um zu Fuß zurückzukehren, machten wir etwas, was für mich einfach typisch New York ist: Wir nahmen ein Taxi. Das war immer gleichzeitig eine Bewährungsprobe und ein Privileg. Heute ist es wegen der Navis und Taxi-Apps viel einfacher geworden, aber damals war es vom Ranwinken bis zum Aussteigen ein Spiel nach den Regeln der Stadt. Schon beim Ranholen des Taxis galt es, Haltung zu zeigen, sonst übersah dich der Fahrer. Wenn er anhielt, musstest du schnell und resolut sein, sonst bliebst du am Ende doch auf der Straße stehen, weil ein anderer dir den Wagen wegschnappte. Wenn du dann endlich im Taxi saßt, war es wie im Deli: Du musstest genau wissen, wo du hinwolltest, und dem Fahrer die richtige Koordinate durchgeben. Eine Ansage wie »46th Street, Ecke 5th Avenue« war das Einzige, was New Yorker Taxifahrer verstanden. Mit Hausnummern allein konnten sie dagegen nie etwas anfangen. Wie auch in dieser riesigen Metropole? Wenn's losging, erklang dann »Buckle up please, buckle up please!« vom Band, um die Fahrgäste zum Anlegen des Sicherheitsgurts zu bewegen. Aber das machte so gut wie niemand. Ich lehnte mich nur in diesen ausgeleierten Sitzen zurück, sog den Geruch des Duftbaums ein, der grundsätzlich im Taxi hing, sah aus dem Fenster und freut mich an den luxuriösen Momenten, in denen das schaukelnde Taxi-Schlachtschiff durch die Schlaglöcher holperte, dass die Stoßdämpfer nur so quietschten. Nie aggressiv, aber mit maximaler Geschwindigkeit und wuseliger Cleverness, um so schnell wie möglich zum Ziel zu kommen – das war die Stärke der New Yorker Taxifahrer. Ich genoss diese Fahrten sehr. Immer waren sie zu kurz, immer lohnte es sich, nach draußen zu sehen, immer hatte das, was man dort sah, etwas von einer Filmszene. Vor allem aber von dem Gefühl: Hier gehöre ich hin.

SHIT WORK

Eine Phrase, die mein Bruder und ich damals ziemlich oft von Andrea hörten, war: »Don't be a slave of time.« Das sagte er generell häufig, vor allem aber dann, wenn Wotan und ich pünktlich zu Verabredungen kommen wollten und auf ihn warten mussten. Unsere deutsche Pünktlichkeit war ihm egal. Darüber schmunzelte er nur und wiederholte: »Come on, easy, it's gonna be okay. Don't be a slave of time.« Er selbst ließ sich weder von der Zeit noch von irgendwem sonst versklaven. Er war ein Charakterkopf, ein Kämpfer – groß, exaltiert, schlagfertig, ein begnadeter Tänzer, aber auch Dauerkiffer, Bummeltrine und Nimmersatt. Sprich: Wenn wir abends ausgingen, fand er erst keinen Anfang und im Club kein Ende. Ich für meinen Teil musste mit seinen Launen erst umzugehen lernen. Als wir am Nachmittag nach der »Welcome-Party« die Mokotov Gallery aufräumten und ich anfing, das Wohnzimmer auszufegen, wollte er mir Tipps geben, wie das am besten gelänge. Als ich ihm sagte, dass ich mir das Fegen dann doch allein zutraute, winkte er genervt ab und verschwand mit einem zickigen »Okay, just do it« ins Souterrain. Später, nachdem ich auf meine Art durchgefegt und gewischt hatte, kam er wieder nach oben und schien sehr zufrieden mit dem Resultat. Er legte mir den Arm um die Schulter, grinste, deutete auf den Besen und sagte: »Shit Work.« So ganz erschloss sich mir nicht, was er damit sagen wollte, und entsprechend ratlos muss ich wohl auch geguckt haben, sodass er schnell fragte: »What's ›Shit Work‹ in German?« – »Shit work?« – »Yeah, how do you say it in German?« – »Äh ... Scheißarbeit?« Er lachte laut auf, fing an, mit Fege-Bewegungen durch die Gallery zu tanzen und in seinem breiten amerikanischen Akzent »Schaißarbäit«, »Schaißarbäit« zu rufen. Das war unser Bonding-Moment und wurde ebenfalls zum geflügelten Wort, nach nur einer Nacht in New York. Das fing doch ganz gut an. Da wir kaum wirklich wichtige Verpflichtungen hatten, konnten wir auch sehr bald gut mit dem »Don't be a slave of time«-Rhythmus umgehen. Er wurde uns erst ein paar Jahre später zum Verhängnis, als wir erneut in New York waren und Andrea uns am Abreisetag unbedingt zum Flughafen fahren wollte, mit dem Ergebnis, dass er sein Motto mal wieder zu sehr ausreizte und wir den Rückflug verpassten. Danach buchten wir nur noch den Limousinen-Service. Aber das kam erst viel später.

HARD WORK

Bei aller Leichtigkeit, die wir in New York erlebten, blieb trotzdem immer spürbar, dass das Überleben in dieser Stadt hart und für die meisten Menschen ein täglicher Kampf war. Die Textzeile »If you can make it there, you'll make it anywhere« ist nichts als die Wahrheit. Wer dort durchkommt, kommt so ziemlich überall durch. Und wer dort etwas erreichen will, muss sich doppelt und dreifach anstrengen. Carlton war dafür das beste Beispiel. Als Store Manager in einem Modeladen bezog er als Einziger aus der Mokotov Gallery ein festes Einkommen und sicherte damit die Miete. Gleichzeitig jobbte er nach Feierabend und am Wochenende als Stylist bei Fotoshootings und arbeitete außerdem unermüdlich an der Verwirklichung seines ursprünglichen Traums: einer eigenen Modekollektion. Wenn ich das jetzt aufzähle, frage ich mich, wie er es schaffte, trotzdem noch regelmäßig mit uns feiern zu gehen, dabei immer lächelte und nie zu müde war. Aber er war eben Carlton – ein in sich ruhender Mensch, der die Gabe hatte, aus der Freude anderer eigene Freude zu ziehen, und dabei trotzdem nie seine eigenen Ziele aus dem Blick verlor. Damit ist er für mich der ideale New Yorker. Wer in dieser Stadt seinen eigenen Weg gehen will, muss zu harter Arbeit bereit und zu großem Idealismus fähig sein, um nicht unterzugehen. Mich, der aus Deutschland eher Genörgel, Kritik und eher eine zunehmende Beschwerdehaltung als bejahenden Optimismus oder einen freudigen Blick in die Zukunft gewohnt war, faszinierte es, dass sich trotz fehlender Sozialsysteme, übelstem Raubtierkapitalismus und gnadenloser Recht-des-Stärkeren-Prinzipien nie jemand in New York beschwerte, und vor allem keiner den Grund seiner Unzufriedenheit ausschließlich bei anderen suchte.

EAST

Unser Aktionsradius erstreckte sich überwiegend vom Union Square bis zur Bowery. Hier gab es so unendlich viel zu entdecken, dass die Zeit nur so verflog. Die Grenze im Westen war der Broadway. Er war eine der wenigen Straßen New Yorks, die nicht schnurgerade verliefen, er zerteilte die Manhattan-Halbinsel aber dennoch von Norden nach Süden in eine East- und eine West-Seite. Das Interessante war, dass diese Teilung nicht nur eine planerische, sondern auch eine gefühlte Größe darstellte. In unserer East-Village-Nachbarschaft fühlten wir uns wohl, dort war nichts steril und gediegen, sondern alles wild, alternativ, improvisiert, vor allem ging es herzlich und freundlich zu. Wenn wir dagegen den Broadway Richtung Westen überquerten, war es, als würden wir eine unsichtbare Grenze durchbrechen. Greenwich, Soho und das West Village, wo alles schon deutlich ordentlicher und teurer, dafür aber auch nicht mehr so unschuldig daherkam.

Heute ist mir bewusst, dass wir damals die letzten Atemzüge dieser Unschuld des East Village mitbekamen. Sinnbild dessen bevorstehender Aufwertung war der Tompkins Square Park, ein Melting Pot, an dem sich Punks, Schwule, Obdachlose und Homeboys die Parkbänke teilten und friedlich Gespräche führten. Je weiter wir Richtung Osten vordrangen, desto billiger wurden die Wohnungen. Heute hat sich das Stadtbild total verändert: Wo früher die Homies Basketball spielten und ihr Gras verkauften, Picknicke und Flohmärkte veranstaltet wurden, stehen heute Wohnkomplexe, die in ihrer Beliebigkeit auch in Stuttgart oder dem Prenzlauer Berg stehen könnten.

Am Tompkins Square Park, Ecke St. Marks, gab es eine Pizzabude, die Wotan noch aus der Zeit kannte, als er dort zwischenzeitlich bei einem Freund gewohnt hatte. Hier aßen wir häufig. Die Spezialität des Hauses war Sicilian Pizza. Als ich das erste

Mal eins dieser fettigen, dickteigigen Stücke auf dem weißen Pappteller hatte und reinbiss, wusste ich auf der Stelle, dass ich zum Stammkunden werden würde. Nie zuvor hatte ich eine so leckere Pizza gegessen. Ob es an dem Instant-Knoblauchpulver oder an irgendeiner Geheimzutat lag, weiß ich nicht, aber diese Art von Pizza blieb für mich immer der Geschmack des East Village. Als ich das letzte Mal New York besuchte, war die erwähnte Geborgenheit im East Village nahezu verschwunden, aber unsere Pizzabude, die stand noch.

WEST

Eine Besonderheit war, dass im West Village, genau wie in Soho, Little Italy oder Tribeca, teilweise das Koordinatensystem aufhörte und die Straßen »richtige« Namen hatten, so, wie wir es aus Deutschland gewohnt waren. Hier war es jedoch seltsam und hatte kurioserweise zur Folge, dass wir uns nicht so leicht zurechtfanden. Ansonsten befanden sich da ein paar interessante, teure Restaurants und sogar Boutiquen, also etwas, das es in »unserem« Village nicht gab. Diese lagen aber natürlich auch nicht in unserer Preisklasse. Ging man immer weiter die Avenues kreuzend Richtung Westen, gelangte man in den sogenannten Meatpacking District, heute eine total hippe, teure Gegend, damals, als wir durch die Straßen irrten, roch es noch wirklich nach Fleisch. Das West Village war eine uralte Industriegegend mit viel Charme, aber auch ein wenig abgewrackt mit seinem Straßenstrich. Oberhalb des West Village, nach der Überquerung der legendären Christopher Street, wo im Stonewall Inn der Kampf für die Bürgerrechte von Schwulen, Lesben und trans Menschen begonnen hatte, kam Chelsea. Dort herrschte im Sommer, auch jetzt noch, ein völlig durchgedrehter Körperkult, bei dem gnadenlos auf sexuelle Verfügbarkeit gescannt wurde. Wenn ich da durchging, ahnte ich, wie sich Frauen fühlen mussten, wenn sie in der Heterowelt nur als Objekte angeglotzt wurden. Ganz anders war der Washington Square Park, den ich liebte. Er war mein Lieblingsplatz westlich des Broadways und direkt unter Holgers Wohnung gelegen. Hier wurden unter anderem Teile des Films »Kids« gedreht. Ein Film, der mich damals ziemlich mitnahm. Dort konnte ich immer gut abhängen und einfach dem Treiben zuschauen. Und hier schaffte ich es tatsächlich ein bisschen mehr Sonne zu tanken als in den engen, beschatteten Straßen drum herum. Es wurde ein Ritual für uns, genau das richtige Schritttempo zu treffen, um es an den Dealern vorbeizuschaffen, ohne von ihnen angequatscht zu werden. Das hieß: Nicht stehen bleiben, aber auch nicht rennen. Immer in Bewegung sein. Die Dealer sehen sofort, wer dazugehört und wer nicht. Wurde es eng und etwas bedrohlich, markierten wir übertrieben unsere Zugehörigkeit – indem wir demonstrativ mit unseren Mokotov-Weißblech-Hausschlüsseln rumhantierten, als wäre der vor uns liegende Block unser Zuhause. Ich lernte schnell: Wer sich selbst als Opfer fühlt, bietet sich auch als Opfer an. Wer hingegen den Abgeklärten gibt, wird auch so behandelt. So übernahmen wir mit der Zeit eine der wichtigsten Grundregeln New Yorks: Du bist für andere der, der du vorgibst zu sein.

DRESS DOWN

Wie eigentlich alles in dieser Stadt und in diesen Wochen war auch das Wetter ein Superlativ – die feuchte, schwüle Hitze, die für den Sommer in New York typisch ist und die ganze Stadt flimmern, vibrieren und schwitzen ließ. Für mich war das neu. Es war mein erster Hochsommer, den ich in so einer Riesenstadt erlebte, das erste Mal, dass ich bewusst wahrnahm, wie sich die Wärme in den Straßenschluchten hielt und der Asphalt sie auch lange nach Sonnenuntergang noch abstrahlte. Seltsamerweise empfinde ich bis heute die Gerüche von Schweiß und von Urin, der auf heißem Asphalt trocknet, nicht nur als unangenehm, sondern verbinde ihn auch mit einem gewissen Freiheitsgefühl. Mein Gehirn verknüpft diesen Geruch offenbar direkt mit dem Careless-Gefühl von damals. Es lag etwas Besonderes in der Hitze von New York. Sie lähmte nicht. Eher ließ sie die Luft zittern, verbreitete eine Atmosphäre wie kurz vor einem Gewitter und das permanente Gefühl, dass gleich etwas passiert. Damit schürte sie unsere Aufgekratztheit. Egal welche Tages- oder Nachtzeit war, wir konnten immer im T-Shirt rausgehen. Und wenn alle Klamotten durchgeschwitzt waren, und die Polyacrylstoffe, aus denen damals die Hälfte unserer Klamotten bestand, unangenehm zu riechen begannen, brachten wir sie halt in den Laundry Shop. Die Sachen bekam man am nächsten Tag für nur wenige Dollar gebügelt und gefaltet zurück. Dabei erfanden wir ständig neue, zunehmend kompliziertere Nachnamen, um sicherzustellen, dass wir bei der Abholung etwas zu lachen hatten. Der Laundry-Shop-Besitzer spielte das Spiel irgendwann mit und sprach die Namen extra seltsam aus. Auch das war ein Stück Freiheit.

DRESS UP

Dass wir überwiegend leicht bekleidet waren und deswegen eigentlich keine neuen Shirts, Jacken etc. brauchten, hinderte uns nicht daran, trotzdem immer wieder dicke Tüten voller neuer Kleidung nach Hause zu schleppen. Zeze und ich waren ja beide scharf auf Sneakers, T-Shirts, Jeans, Caps und alles, was es bei uns im Pott nicht gab und dort bestimmt ordentlich Eindruck hinterlassen würde. Das führte aber auch oft zu völlig unreflektierten Affektkäufen, zu denen wir uns gegenseitig überredeten. Carlton zeigte uns in seinen wenigen freien Stunden, die er gerne mit uns verbrachte, die ganze Palette der damals angesagten Modeläden – von All-American-Workwear bis zu queeren Latexfummeln, bei denen man nicht wusste, wo oben und unten war, und erst mal rauskriegen musste, wie man sie zu tragen hatte. Ich weiß noch, dass wir mehrfach in der Boutique von Susanne Bartsch landeten, einer Schweizerin, die Anfang der Achtzigerjahre nach New York gezogen war und sich dort als Veranstalterin von legendären und rauschenden Partys einen Namen gemacht hatte. Auf diesen Partys gab es alles: von Puschel-, Lack-, Feder- und Latex-Look bis hin zu Tüllkostümen. In New York gab es nur einen Dresscode, und der hieß: Auffallen! Keiner wollte so sein wie der andere. Eine Haltung, die ich sehr gut kannte. Wir ließen uns davon gerne anstecken. Allerdings hatten diese verrückten Lack- und Plastikklamotten in ihrer Schrillheit ihren Platz nur im Big Apple, wie ich später in Berlin feststellen musste. Da blieben sie im Schrank. Wo sie jetzt immer noch sind.

FIERCE

Ein Wort, das wir oft hörten, war »fierce«. Andrea und Carlton benutzen es gern und häufig. Irgendwann wurde die Neugierde dann doch zu groß, und wir fragten Carlton, was es eigentlich bedeutet. Carlton erklärte dann irgendwas mit »wild«, »savage« und »untamed«, aber bei mir kam vor allem an, dass es ein Universalwort war, das das Mokotov-Lebensgefühl auf den Punkt brachte. Als ich später mal im Wörterbuch nachschlug, bestätigte sich das. Man kann »fierce« ganz unterschiedlich übersetzen: intensiv, hitzig, stürmisch, heftig, wild – je nach Kontext trifft das alles zu. All diese Attribute passten perfekt zu der Art, wie wir lebten, fühlten und feierten.

War die Party zu meiner Ankunft für mich schon ein beeindruckender Einstand gewesen, so waren die Clubbesuche, die darauf folgten, noch einmal eine große Steigerung an Fülle und von Eindrücken. Anfangs dachte ich, dass das Staunen über die Nächte, die wir erleben durften, nur an mir persönlich und meiner manchmal hochsensiblen Wahrnehmungsfähigkeit lag. Dass ein 18-jähriger Junge aus Herne, der außer ein paar durchtanzten Nächten in der Wuppertaler Beatbox und einem euphorischen Abstecher in den Ratinger Hof noch nicht viele denkwürdige Ausgeherfahrungen gesammelt hat, von der Energie der Partymetropole New York umgehauen wird, ist ja erwartbar. Allerdings ging es Wotan, der deutlich mehr in der Welt und dem Nachtleben rumgekommen war, ja genauso. Und Carlton und Andrea letztendlich auch.

Die Partys und Clubs, die wir damals besuchten, waren auch für New York etwas Besonderes. Wir wurden Zeitzeugen einer neuen musikalischen Ära des Deep House, die damals auf ihren Höhepunkt zusteuerte. Ich glaube sogar, dass man diese Bewegung, in die wir eintauchten, mit der Zeit des Studio 54 aus den Siebzigern vergleichen konnte. Zumindest empfand ich das so.

Egal wo wir hinkamen, überall erwarteten uns Euphorie und Enthemmtheit, wie ich sie noch nie zuvor und auch nie wieder danach in dieser Intensität erlebt und gespürt habe. Schönheit, Verrücktheit und Kreativität wurden im wörtlichen Sinne gefeiert.

Einmal gingen wir zu einem Aids-Charity-Konzert von Grace Jones. Das war im Club Palladium, einem Ort, den wir normalerweise mieden, weil er eher kommerziell war und mehr Popmusik als House spielte. Was sich dann aber dort abspielte, war alles andere als kommerziell. Das Publikum war so bunt und extravagant und aufgedreht, dass die Stimmung im Club, schon bevor das Konzert überhaupt begann, eine Intensität erreicht hatte, um die heute jeder Club neidisch wäre. Ich konnte mir gar nicht vorstellen, dass es noch besser werden könnte. Aber das wurde es. Denn dann kam Grace Jones.

Ich kannte sie bis dahin eigentlich nur aus James-Bond-Filmen und durch ein paar Remixe ihrer Lieder. Jetzt erfuhr ich, was sich hinter alledem für ein Kult verbarg. Spätestens bei »Slave to the Rhythm« brachen sämtliche Dämme, und als Grace Jones zum Schluss nackt auf der Bühne stand und den Fans zurief, dass wir alle nackt geboren wurden, entstand eine Energie mit fast schon religiösem Charakter. Sie war der Guru, wir ihre Jünger. Einige übereifrige Fans fühlten sich sogar animiert, es ihr gleichzutun und sich ebenfalls die Klamotten vom Leib zu reißen, was mir persönlich dann doch etwas zu viel war. Als Carlton meinen fragenden Gesichtsausdruck sah, lachte er nur, zuckte mit den Schultern und rief: »Come on, that's Grace.« Ja, das war Grace. Wie Gott sie geschaffen hatte. Und es war großartig. Man konnte glatt vergessen, dass man es hier mit einem Charity-Konzert zu tun hatte. Aber Aids war damals in New York ein großes Thema, dem man sich kaum entziehen konnte. Bei Veranstaltungen wie dieser wurde mir klar, wie wenig ich bisher über die Krankheit wusste. Aber ich bekam auch eine Ahnung davon, dass die Opfer, die sie gefordert hatte, möglicherweise dazu beitrugen, dass die Leute feierten, als gäbe es kein Morgen.

Wir waren ständig unterwegs, skurrilerweise aber selten am Wochenende. Da blieben wir im Village. Carlton und Andrea mischten sich nicht gerne unter die Partytouristen aus New Jersey und Hoboken, die am Freitag und Samstag in die Stadt strömten. Wir schlossen uns den beiden an. An solchen Abenden schmissen wir im House of Sybils, wie Carlton und Andrea die Mokotov Gallery in Anlehnung an das House of Ninja von Voguing-König Willi Ninja scherzhaft nannten, unsere eigenen kleinen Feiern. Um aufzudrehen, brauchten wir keinen Club, das konnten wir auch zu Hause. Wir kurvten mit dem Fahrrad durch die obere Etage der Gallery, verkleideten uns, setzten Perücken auf, tanzten herum, Wotan und ich versuchten zu voguen und lauter solche Albernheiten. Oder Andrea kochte sein berühmtes Jamaica-Hühnchen, backte Cornbread, und wir veranstalteten Gelage, bei denen sich alle fröhlich vollstopften. Danach ging's bekifft oder betrunken nach draußen: Wir irrten zwischen den ruinösen Häusern umher, die den Weg zum East River säumten, mit Rolling-Rock-Bier in braunen Tüten liefen wir durch die Straßen oder kletterten aufs Dach der Gallery und heulten den Mond an. Das war unsere Art, die Saturday Night im Village zu begehen. Beinahe idyllisch. Und ein gutes Kontrastprogramm zu den grellen Nächten unter der Woche.

Das erste Mal, dass ich Clubkultur wirklich als Gesamtkunstwerk erlebte, war in der Disco 2000. Das war eine Partyreihe, die immer mittwochs an der 6th Avenue in einem Club namens Limelight stattfand. Sie wurde von einem Typen veranstaltet, der sich gern clownesk weiß schminkte, wilde Perücken aufsetzte und Fetischoutfits trug.

Wenn wir abends ausgingen, wurden uns ständig Flyer zugesteckt, auf denen er zu sehen war. Als ich Carlton ein paar dieser psychedelischen Disco-2000-Kunstwerke zeigte, sagte er nur: »That's Michael, crazy guy.«

Crazy? Klang doch schon mal gut.

»Do you guys want to go?«

Was für eine Frage? Natürlich wollten wir dahin gehen.

Der folgende Mittwochabend begann wie die meisten Nächte dieses Sommers. Wotan und ich kamen verschwitzt, erschöpft, aber glücklich von einem unserer ziellosen Spaziergänge durch die Stadt zurück und schmissen uns auf eins der Sofas im Mokotov-Wohnzimmer, wo schon Andrea und die Mädels saßen, kifften und irgendwelchen Nonsens redeten. Die Luft roch schwer nach Gras und Patschuli-Duftstäbchen – ein Aroma, das für mich genauso untrennbar mit dieser Zeit verbunden ist wie Crystal Waters' »La Da Dee La Da Daa«. Dann duschten wir uns und zeigten Carlton unsere Beute von den Streifzügen des Tages, die von allen genau inspiziert wurde. Als wir alle so richtig schön albern und giggelig waren, hieß es: »Okay, let's go, girls!« Carlton hatte uns auf die Liste gesetzt.

Das hieß aber nicht, dass wir sofort losgingen. Wir mussten mal wieder auf Andrea warten. Bis der startklar war, dauerte es noch eine Weile. Das war der obligatorische Andrea-Delay. Als wir dann doch loskamen, teilten wir uns zwei Taxis, die uns an der 6th Avenue vor einer Kirche absetzten. Einer Kirche? Was sollte das denn werden? Carlton las mal wieder meine Gedanken: »Thats the club«, sagte er. »Let's go, girls!«

Ich war platt. Ein Club in einer echten neugotischen Kirche aus dem 18. Jahrhundert mit Fensterrose und gemauerten Spitzbögen. Das hatte was. Der Eingang lag in einem kleinen Hof an der Seite des Gebäudes. Er wirkte ziemlich düster, aber das steigerte nur die Spannung. Weil Carlton wie üblich einen der DJs kannte, standen wir auf der Gästeliste. Wir wurden sofort reingewunken. In Anbetracht der endlosen Schlange von Club Kids draußen fühlte ich mich total privilegiert. An diesem Abend wusste ich noch nicht, dass wir in den gesamten folgenden New-York-Wochen nicht ein einziges Mal in einem Club

Schlange stehen oder Eintritt bezahlen mussten, und sich das Gästelistensystem bald verselbstständigen würde, aber dazu später mehr.

Das Innenleben des Clubs war unfassbar. Neben dem imposanten Hauptraum mit der endlos hohen Giebeldecke, den bunten Fenstern und den Galeriegängen zu beiden Seiten oberhalb der Tanzfläche gab es viele Nischen, Durchgänge und kleinere Seitenkapellen mit eigenen Bars und Dancefloors, die der Anlage etwas Labyrinthisches verliehen. Auch wenn ich weder getauft noch explizit gläubig bin, war es für mich kurzzeitig schon etwas befremdlich, dass an einem Ort, wo einst heilige Messen abgehalten wurden und Chöre gesungen haben, jetzt House-Beats aus den Boxen dröhnen und Käfige mit Go-go-Tänzern über der Tanzfläche schweben.

Andererseits: Ähnlich wie das Grace-Jones-Konzert war auch das hier in gewisser Weise eine andere Form von heiliger Messe. Die Inbrunst, mit der die Gäste ihre Eigenheiten und ihre Lebensfreude zelebrierten, konnte man durchaus als Ersatzreligion interpretieren. Hotpants, Catsuits, Masken, Perücken, Krönchen, High-Heels, topless … Die Leute, die hier feierten, gaben alles, um über ihre Alltagsperson hinauszuwachsen. Ihre demonstrative Verrücktheit war ansteckend. Sie war gleichzeitig eine Herausforderung, mitzuhalten, und eine Aufforderung, alle Hemmungen fallen zu lassen. Beides taten wir. Also: Hoch die Arme, rein in die Menge.

Wir drehten immer weiter auf. Gerade, als Wotan und ich voll in Fahrt waren und aus dem Hauptraum in die Seitenkapelle wechselten, wo die Musik besser und die Atmosphäre noch subkultiger und undergroundiger war als auf dem Main Dancefloor, trafen wir den DJ, der uns auf die Gästeliste gesetzt hatte. Er stand da mit einem Typen in Strapsen und Plateau-Stiefeletten, der sein Gesicht komplett weiß geschminkt und zusätzlich rote Punkte darauf gemalt hatte. Das war der crazy Guy von den Flyern. Michael. Michael Alig. Mein erster Eindruck von ihm

Haus Kranenberg, Herne, Winter 1979/80

Wir. Wotan 15 Jahre, Sönke 9 Jahre

Wir. Wotan 22 Jahre, Sönke 16 Jahre

North Carolina, Sommer 1991

East Ninth Street between c and d,
Blick aus der Mokotov Gallery, 1991

Carlton & Andrea, 2001, Harlem

House of Siblings, 1991

Carlton & Wotan, 1991

RuPaul & Zeze, 1991

Julie Juwels, Wotan & Amanda Lepore, 1991

Blunt Brothers: Holger & Zeze, 1995

Zeze, Wotan & Andrea, 1996

Madeira, 1990

Baywatch, North Carolina,
Wilmington, 1991

San Francisco, 1991

Alphabet City, 1990

Bochum, 1990

The Green Jacket, Mokotov Gallery, 1991

Brüder. Berlin 1993, by Ali Kepenek

Limelight, mit Michael Alig, 1991

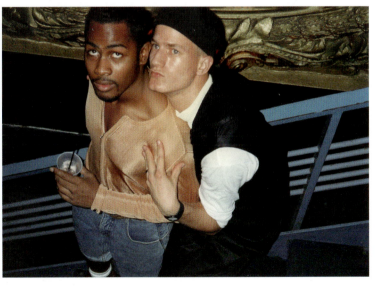

Grace Jones Charity Concert, Palladium,
Carlton & Zeze, 1991

The Challenge

Stars – no Stripes, Berlin, 1993 by Ali Kepenek

war aber ein bisschen scary. Er lebte wirklich in seiner ganz eigenen Welt, hatte viel Verrücktes und Entrücktes, aber auch etwas Tragisches an sich. Mit ihm war es wie mit den anderen Paradiesvögeln. Er mochte uns auf Anhieb. Ob es an den bunten Plastikklamotten lag, die wir an diesem Abend trugen, weiß ich nicht, aber er wurde immer interessierter, als er hörte, dass wir aus Europa kamen, und wollte partout nicht glauben, dass wir wirklich Brüder und kein Pärchen waren – »C'mon guys, you're kiddin' me!« Die Unterhaltung endete damit, dass auch er uns seine Karte gab, und sagte, wir sollten ihn anrufen, wenn wir bei seinen Partys auf die Gästeliste wollten. Für mich fühlte sich das an wie ein Ritterschlag.

CLUB KIDS

Tatsächlich glaubte in den Clubs fast keiner, dass Zeze und ich uns nicht nur »Brothers« nannten, sondern wirklich welche waren. Das war irgendwie was Exotisches. Wir fragten uns in einem dieser After-Hour-Gespinste am nächsten Morgen, als das Klingeln in den Ohren und der Beat in den Beinen verstummt waren, warum das so war. Für uns stellte sich diese Frage, inwiefern Brüder auch Freunde sein können, niemals. Aber was für uns als selbstverständlich galt, war für die anderen etwas Besonderes. Das wurde uns im Laufe der Jahre immer bewusster. Vielleicht hatte es auch damit zu tun, dass viele der Club Kids, mit denen wir die Nächte durchfeierten, bewusst mit ihren Elternhäusern und Familien gebrochen hatten, weil sie dort nicht sie selbst sein durften, und bei ihnen dadurch alles, was mit tatsächlicher Verwandtschaft zu tun hatte, eher negative Erinnerungen hervorrief oder zumindest als suspekt wahrgenommen wurde. So war bei ihnen eine Ersatzfamilie aus Freunden entstanden, deren verbindendes Element die geteilte Erfahrung ebendieser Befreiung von den Fesseln der Blutsbande war. Dass wir nicht wie eineiige Zwillinge eindeutig als Brüder zu erkennen waren, machte es noch mysteriöser. So haben wir uns das zumindest erklärt. Kann aber auch Quatsch sein.

Aber tatsächlich bin ich niemals einem anderen Brüderpaar begegnet, das von sich aus so viel teilte, wie wir es taten. Dabei fällt mir ein, dass ja auch Andrea und Carlton sich als Brüder vorgestellt hatten, trotz verschiedener Nachnamen. Eigentlich seltsam, dass wir nie nachfragten, ob sie vielleicht unterschiedliche Väter hatten oder inwieweit sie wirklich Brüder waren.

Ansonsten erkannten Zeze und ich in dieser Zeit natürlich auch selbst zum ersten Mal in unserem Leben, wie viele Gemeinsamkeiten uns über unsere Blutsverwandtschaft hinaus verbanden. Wenn wir tagsüber durch die Stadt zogen, merkten wir, dass uns ähnliche Dinge gefielen und wir uns von den gleichen Energien angezogen fühlten, wenn wir nachts feierten, feierten wir nicht nur, dass wir hier in New York waren, sondern unbewusst auch unsere neue Verbundenheit. Vielleicht sahen die Leute uns deshalb eher als Paar denn als Brüder – weil ihre Vorstellungskraft für diese Form der Verbundenheit nicht ausreichte.

In den Clubs fingen Zeze und ich an, immer mehr zum Anker füreinander zu werden. In der Regel verliefen die Abende ja so: Wir lachten, tranken und kämpften gegen unsere müden Beine an, dann liefen wir in einem irren Zusammengehörigkeitsgefühl in die Nacht, was sich tatsächlich immer wie eine andere Art Familienausflug anfühlte. Aber sobald wir im Club waren, zerstreuten sich meist alle. Dann traf Andrea die Freunde aus seiner Dance Company, Carlton Leute, die er aus der Modewelt kannte, und auch die Mädchen gingen ihrer eigenen Wege, wenn sie überhaupt mitkamen. Natürlich tranken wir zwischendurch auch mal zusammen den obligatorischen Sex on the Beach, Cosmopolitan oder was auch immer der Drink des Sommers gerade war, oder stellten uns gegenseitig Leute vor, aber das geschah eher zufällig. Am Ende, wenn die Partystimmung verebbte, ging ich immer nur zusammen mit Zeze nach Hause. Das passierte mir weder mit Carlton noch mit Andrea oder irgendwem sonst, nur mit Zeze. Mit ihm allerdings konsequent. Er ging nie vor mir, ich nie vor ihm – wie zwei Hälften eines Ganzen.

Auf dem Heimweg redeten wir. Meist dummes Zeug, aber zwischendurch kamen trotzdem alle grundlegenden Themen zur Sprache – Weltanschauungen, Träume und Zukunftspläne. Außerdem wurden natürlich die Begegnungen und halben Eroberungen der letzten Stunden besprochen. Ich weiß noch, wie Zeze einmal auf der Tanzfläche zielstrebig mit einer sehr üppigen und sehr blonden Lady anbändelte, die ein wahnsinniger Hingucker war – wohl auch deshalb, weil es immer nur sehr,

sehr wenige weibliche Gäste in den Clubs gab, in denen wir regelmäßig landeten. Als Zeze sich endlich mal von seiner Flamme löste, um ihr einen Drink zu holen, war ich an der Bar sofort neben ihm. Er sah mich glücklich und stolz an und sagte irgendwas in der Art: »Wow, die Frau ist der Hammer, und sie scheint auf mich zu stehen!«

Da ich etwas Entscheidendes über diese Frau wusste, was ihm anscheinend entgangen war, ich in dem Moment aber keine Zeit mit subtilen Hinweisen vergeuden wollte, sagte ich: »Bestimmt steht sie auf dich, und ihr seid euch auch voll ähnlich. Ihr könnt jedenfalls beide im Stehen pissen.«

Zeze lachte mich aus und fing erst mal an zu diskutieren. Das könne gar nicht sein, und was mich das überhaupt anginge, und so weiter. Als er mit seinen Drinks zurück zur Tanzfläche rauschte, behauptete er immer noch, ich würde ihm nur die Tour vermasseln wollen. Während die beiden ihre Cocktails tranken, passierte anscheinend dann aber doch irgendetwas, was ihn nach einer Weile leicht verwirrt zurückkommen ließ mit den Worten: »Na gut, vielleicht hattest du recht.«

Ich hatte nicht *vielleicht* recht, sondern ganz sicher. Das wusste ich, weil mir Carlton über genau diese Lady ein paar Wochen zuvor im Jackie 60, einer sehr, sehr schrägen und kinky Bar im Meatpacking District, erzählt hatte, dass sie für eine Geschlechtsangleichungs-OP sparte, und dafür gerade ihren ganzen Hausstand verkaufte.

Erfahrungen wie diese führten dazu, dass Zeze und ich bald über alles offen redeten. Tabus gab es irgendwann keine mehr, und auch über das Thema sexueller Vorlieben fingen wir an zu sprechen. Das mit dem eigenen Bruder zu können, kam mir als etwas ziemlich Einmaliges vor. Auch mit Carlton und Andrea konnte ich das irgendwann. Ich glaube, dass die beiden durch mich auch ein wenig erkannten, dass nicht alle Heteros gleich sind. So kletterte ich zum Beispiel immer wieder gerne im Palladium auf die Boxen, rutschte im Roxy übertrieben careless auf der Tanzfläche rum und tanzte einmal sogar in der Sound Factory ausdauernd jemanden an, mit etwas, was ich für Voguing hielt, ohne zu ahnen, dass dieser jemand Willi Ninja war, der Voguing-Gott schlechthin. Er war trotzdem sehr freundlich zu mir. Denn genauso wenig, wie ich voguen konnte, wusste ich, wie Willi Ninja aussah. Ich wollte einfach die Atmosphäre der grenzenlosen Freiheit in New York total ausreizen. Carlton spornte mich dabei auf seine eigene hintersinnige Weise an, indem er mir bei jeder Verrücktheit halb lachend, halb gequält zurief: »Oh c'mon, you're a mess«. Keine Ahnung, wie ich die ironische Mischung aus Lob und Tadel, die dieser Ausruf beinhaltete, übersetzen soll. Die wörtliche Botschaft war jedenfalls »Mann, bist du peinlich«, gemeint war aber »Mach bitte, bitte weiter«, weil Carlton sich über meine Hampelei köstlich amüsierte. Es war, wie wenn du jemandem zurufst »Das traust du dich sowieso nicht«, nur um ihn dazu zu bringen, sich eben doch zu trauen. Den Titel »Mess« führte ich seitdem mit einem gewissen Stolz. Zeze ging es irgendwann ähnlich. Mann, sahen wir bescheuert aus, wenn wir durch die Clubs tobten – in hautengen Polyacryl-Oberteilen oder einem Gaultier-Anzug. Das war unsere europäische Antwort auf den Club-Kids-Style. Sie wurde acht Wochen lang jede Nacht neu erfunden. Völlig gaga, völlig befreit und völlig ahnungslos, dass wir dabei in den angesagtesten Clubs der Welt so durchtanzten wie danach nie wieder.

Das Limelight war ein gutes Beispiel für den Stellenwert, den unsere damaligen Anlaufpunkte hatten. Heute – in der Kirche ist inzwischen ein Fitnessstudio untergebracht – gibt's über die dortige Club-Ära Bücher, Filme und alle möglichen Nostalgieblogs. Damals gingen dort wohl die ganzen Superstars hin. Von Tom Cruise über Michael Jackson bis zu Whitney Houston sollen alle da gewesen sein. Ich persönlich kann mich nicht an Superstars erinnern, höchstens an Szene-Ikonen wie RuPaul und Amanda Lepore, die damals außerhalb des Undergrounds aber noch keiner kannte. Na gut, und an Madonna. Aber die war damals scheinbar überall. Die sah ich sogar im Jackie 60.

Woran ich mich dagegen sehr gut erinnere, ist *Project X*, eine Art Nightlife-Illustrierte, in der die ganze Gegenkultur der Club Kids zelebriert wurde – mit Plattenrezensionen, Modestrecken und Clubreviews. Die Hefte waren wie die Fanzines aus meiner Punkzeit, nur eben poppig bunt, schrill und positiv. *Project X* konnte man locker als Partyguide nutzen. Michael Alig, dessen Einladung, uns auf die Gästeliste zu setzen, wir tatsächlich irgendwann nutzten, schrieb auch für das Heft. Was genau, weiß ich nicht mehr. Ich weiß nur, dass er fünf Jahre später zu einer eigenen fragwürdigen Legende wurde, weil er seinen Dealer ermordete, die Leiche mit Messern zerstückelte und im Hudson River versenkte. Das waren dann wohl die Abgründe des Überdrüber-Club-Kid-Taumels oder das Ergebnis, wenn man irgendwie und irgendwo hängen bleibt. Aber davon spürten wir damals nichts.

Berühmt war auch das Roxy in Chelsea. Eine ehemalige Rollschuhdisco aus den Siebzigern, die jetzt ein Revival als Tanzhalle erlebte. Da mussten Zeze und ich allerdings allein hingehen, weil die anderen nicht mitwollten. Der Gästemix dort war ihnen vielleicht zu hetero. Mein Bruder und ich stellten zumindest nach den ersten Besuchen freudig fest, dass der Frauenanteil deutlich höher war. Als Exoten aus Europa landeten wir hier erstaunliche Flirterfolge. Ansonsten war das Roxy tatsächlich ziemlich trashig mit seinen Motorradshows und Drag-Performances auf der Bühne und Candy-Girls, die mit Bauchläden durch die Menge stolzierten und Kaugummis verkauften. Zeze mochte es da, weil hier immer die kontaktfreudigen Mädchen aus New Jersey hinkamen. Die Musik war auch gut, Deep House eben. Aufgelegt von den DJs, die später als Remix-Könige in die Musikgeschichte der Neunziger eingingen. Wir liebten vor allem Frankie Knuckles. Sein »Whistle Song« war neben »Gipsy Girl« unser zweiter großer Hit dieses Sommers.

Und dann war da natürlich noch das Heiligtum der House-Kultur: die Sound Factory. Die war immer die letzte Station der Nacht. Eigentlich dauerten die Partys in New York nicht so lange. In der Regel waren wir gegen drei oder vier Uhr morgens wieder zu Hause. Es sei denn, wir gingen in die Sound Factory. Wer da einmal drin war, kam erst wieder raus, wenn die Sonne schon hoch am Himmel stand. Der Club lag an der 27. Straße, ganz im Nordwesten oberhalb des Meatpacking Districts – damals eine ziemlich abgefuckte Gegend, wo vor ein paar Jahren noch der Straßenstrich gewesen war. Von außen sah der Club unscheinbarer aus. Ein ehemaliges Lagerhaus mit trister Backsteinfassade. Nur die riesige Flagge mit dem silbernen SF-Logo über dem Eingang ließ erahnen, dass in dem Gebäude etwas Großes im Gange war. Doch dann gingen wir rein. Und folgten dem Wummern. Und waren plötzlich mittendrin im schlichten Raum mit den Stützpfeilern, zwischen denen die Menge wogte. Es dauerte nie lange, bis man ein Teil von ihr wurde. Wirklich nie. Jedes Mal, wenn wir dort waren, wurde der Raum zu einem einzigen zuckenden Organismus aus tanzenden Menschen, mit dem die Musik Achterbahn fuhr. Völlig irre, wie die DJs das Publikum im Griff hatten – es zu Höhepunkten hochjagten, durch unerwartete Pausen in der Luft hängen ließen, bis es einen fast zerriss, und schließlich mit dem schlagartigen Wiedereinsetzen der Musik auf die Erde zurückschossen. Ich hab das später nie wieder in dieser Intensität erlebt. Für Zeze und mich hatte es einmal allerdings auch beängstigende Folgen. Das war quasi unsere Krise. Aber dazu kommen wir später. Jetzt kommen wir erst mal zu unserer Club-Pause in der Provinz. In North Carolina. Dort gab's auch eine Krise. Allerdings nicht mit Zeze, sondern mit allen anderen.

AMERICAN ROAD TRIP

Auf den ersten Blick erscheint dieser Ausflug als ein großes Verlustgeschäft. Nachdem er vorbei war, hatten wir viel Kohle verloren und waren alle um ein paar Illusionen ärmer. Aber wie Wotan gerne sagt: »Wenn du nicht zwischendurch mal auf die Schnauze fällst, hast du später auch nichts zu erzählen.« Da ist was dran. Und es passt perfekt zum North-Carolina-Trip, über den wir heute, über 30 Jahre später, immer noch lachen können. Weil er eigentlich von vorne bis hinten absurd war. Und weil seine Pannen die Mokotov-Family letztendlich mehr zusammenschweißten, als sie zu spalten. Damit war er auch ein Beispiel dafür, dass man aus Krisen gestärkt hervorgeht. Aber eins nach dem anderen.

Es ging damit los, dass Alicia zurück nach North Carolina zog. Ihr damaliger Freund war Ben, der ebenfalls aus North Carolina kam und Tänzer in der Bill T. Jones/Arnie Zane Dance Company war, der auch Andrea angehörte. Ich erlebte die beiden einmal in einem Theater in Brooklyn zusammen auf der Bühne. Das war ziemlich beeindruckend. Sie performten experimentellen Modern Dance mit akrobatischen Choreografien und politischen Inhalten. In dem Programm ging es im weitesten Sinne um die Überwindung der Schranken zwischen unterschiedlichen Hautfarben. Ein Prinzip, das Ben, der weiß war, und Andrea der Welt mit ihrer Freundschaft sowieso seit Jahren vorlebten.

Bei unseren Gesprächen mit Andrea, Carlton und Ben kamen wir immer wieder auf ihre Heimatstadt Wilmington in North Carolina zu sprechen. Natürlich wurden Wotan und ich neugierig auf den Ort der Herkunft unserer Freunde. Von dieser Neugier bis zum Beschluss, dass wir alle zusammen einen Road Trip nach North Carolina machen könnten, war es ein kurzer Weg. Als Ben sowieso nach Wilmington musste, uns vorschlug, nachzukommen, und anbot, dass wir dort in seinem Haus am Strand wohnen könnten, war die Sache klar. Sosehr wir New York liebten, wir hatten alle Lust, mal aus der Stadt rauszukommen. Und Zeit hatten wir auch mehr als genug. Außerdem stand Andreas 25. Geburtstag bevor. Wir beschlossen, ihn in Wilmington zu feiern.

Wir wollten zu fünft fahren: Andrea, Carlton, Wotan, ich und Greg. Greg war sozusagen ein Freund des Hauses. Ein Energiebündel, das seine Homosexualität exzessiv zelebrierte, gerne mit nichts als einem grünen Tutu am Leib durch die Gegend rannte und jeden, dem er begegnete, mit einem lang gezogenen »Hel-looo« begrüßte, als würde er ihn anbaggern wollen. Wir waren eine lustige Truppe. Und alle waren hoch motiviert. Der Road Trip musste nur noch organisiert werden. Damit begannen die Probleme.

Da wir die 600-Meilen-Strecke nicht mit dem Bus fahren wollten, weil das mit mehreren Umstiegen und Umwegen verbunden gewesen wäre und eine Ewigkeit gedauert hätte, brauchten wir ein Auto. Wotan und ich versprachen, uns darum zu kümmern. Weil aber niemand, den wir in New York kannten, ein Auto besaß, das er uns hätte leihen können, machten wir uns daran, einen bezahlbaren Mietwagen zu finden. Im East Village gab es eine kleine Car-Rental-Station, die zwar etwas heruntergekommen wirkte, aber den Ruf hatte, billig zu sein. Da wir wussten, dass man zum Automieten in den USA einen internationalen Führerschein und eine Kreditkarte brauchte, die beide auf dieselbe Person zugelassen waren, mussten wir tricksen. Denn den internationalen Führerschein hatte nur ich (den hatte ich mir für alle Fälle noch in Herne ausstellen lassen), und die Kreditkarte hatte nur Wotan. Das hieß: Aus zwei Personen musste eine werden. Zum Glück verfügten wir beide über ein ausreichendes Maß an krimineller Energie, um schnell zu wissen, was zu tun war.

Da ich meinen internationalen Führerschein ansonsten nicht

brauchte, wurde er manipuliert. Was die Copyshops in Chinatown konnten, konnten wir schon lange. Wir kratzten und krickelten so lange am Geburtsjahr und dem Vornamen herum, bis man mit viel Wohlwollen auch Wotans Daten darin hätte erkennen können. Mit dem gefälschten Dokument gingen wir zurück zur Car-Rental-Bude. Wohlwollend war der Boss dort zwar nicht, aber er war gleichgültig genug, um uns quarzend und schulterzuckend einen klapperigen braunen Dodge Diplomat für hundert Dollar die Woche anzubieten. Das ging alles recht flott. Ich bin nicht mal sicher, ob der Typ den lädierten Führerschein überhaupt richtig ansah. Ihm schien eigentlich nur wichtig zu sein, dass wir die Kaution in Höhe von 400 Dollar in bar hinterlegten. Wir gingen mit der Kreditkarte zur Teller Machine, hoben 500 Dollar ab, legten dem Rental-Boss die Scheine auf den Tresen und bekamen dafür den Schlüssel für den Diplomat. Mission erfüllt. North Carolina, here we come!

Die Fahrt war ein ambivalentes Hin und Her zwischen Postkarten-Idyllen und deren Kehrseiten. Bestimmt vierzehn Stunden knatterten wir mit unserem braunen Schlachtschiff die Interstate 95 die Ostküste runter. Dass wir nicht richtig vorankamen, hatte allerdings auch mit der defensiven Fahrweise von Andrea und Carlton zu tun, die sich mit dem Fahren abwechselten. Auch hier galt mal wieder das Motto: »Easy, don't be a slave of time!«

So arbeiteten wir uns in gemächlichem Tempo nach Süden vor. Durch fünf Bundesstaaten mit Dutzenden Mautstationen. Vorbei an Philadelphia, Baltimore und Washington, D. C. Bis es irgendwann immer heißer und immer ländlicher wurde und wir jedes noch so heruntergekommene Diner und jede Tankstelle mit integriertem Seven-Eleven-Shop, die zwischen den von der Sommersonne ausgebleichten Feldern auftauchten, laut bejubelten. Angehalten wurde sowieso ständig – zum Essen, zum Pinkeln und damit Andrea und Greg ihre Joints durchziehen konnten. Das ließen sie sich nicht mal an den Seven-Eleven-Tankstellen nehmen, obwohl vor denen immer Polizeiautos rumstanden, an deren Motorhauben Cops lehnten, die unser lautes, buntes Trüppchen mit mürrischen Blicken betrachteten. Für Andrea war es eine Frage der Selbstbehauptung, sich nicht von Polizisten einschüchtern zu lassen. »They hate Black People«, sagte er halb resigniert, halb belustigt, während er sich seinen Joint anzündete. »But we won't back down.«

Erst durch solche Kommentare fiel mir auf, dass die Cops an den Tankstellen eigentlich immer weiß waren. Und dass sie Carlton, Andrea und Greg bei jedem Schritt misstrauisch hinterherguckten, während sie Wotan und mich kaum beachteten. Ohnehin bekamen auf dieser Fahrt viele Dinge, in denen Wotan und ich anfangs amerikanische Ideal-Szenarien sahen, einen bittern Beigeschmack. In einem Bilderbuch-Diner mit Jukebox und Fifties-Chic ignorierte die Bedienung Carlton, Andrea und Greg konsequent und sprach nur Wotan und mich an. Beim nächsten Tankstopp fauchte ein bärtiger Klischee-Trucker Carlton ohne Grund »Get lost, Faggot« hinterher. Spätestens nachdem wir die Grenze nach Virginia überquert hatten, häuften sich die Fahnenmasten, an denen statt der amerikanischen Stars-and-Stripes-Fahne die rote Konföderierten-Flagge mit dem blauen Andreaskreuz flatterte. Deren historische Bedeutung als Symbol der Sklaverei und Kriegstreiberei war mir zu dem Zeitpunkt zwar nicht bewusst, aber Andrea erklärte sie mir eindringlich. Solche Hintergründe legten dunkle Schatten auf die Countryside-Romantik. Vieles, worin ich mit meinen 18 Jahren sonst nur urwüchsigen Lokalkolorit oder protzige Statussymbole des Landes der unbegrenzten Möglichkeiten gesehen hätte, bekam eine zweite, abgründigere Dimension.

Trotzdem herrschte im Auto keine schlechte Stimmung, im Gegenteil. Gefühlt lachten wir die Hälfte der Fahrt durch. Aber im Nachhinein stimmt mich auch das nachdenklich. Sosehr ich es bewunderte, dass Andrea, Carlton und Greg die Größe hatten, den Ungerechtigkeiten ins Gesicht zu lachen, so sehr bedrückte mich der Gedanke, dass sie ihr ganzes Leben ins Zeichen dieser Größe stellen mussten. Weil sie gar keine andere Wahl hatten. Auch diese Erkenntnis war ein Abgrund.

Unsere fünf Tage in Wilmington waren wie ein Echo der Fahrt dorthin. Die Stadt war das genaue Gegenteil von New York: beschaulich, grün, sauber, geräumig. Wie geplant zogen wir bei Ben ein, der uns schon zusammen mit Alicia erwartete, als wir spätabends endlich ankamen. Tatsächlich lag das Haus direkt am Strand. Wir verbrachten die meiste Zeit dort, nur gelegentlich cruisten wir mit Carlton und Andrea im Auto durch die Gegend. Sie zeigten uns, wo sie zur Schule gegangen und aufgewachsen waren. Sie erzählten, dass die öffentlichen Gärten von Wilmington ein Deutscher angelegt hatte, dass die Stadt im Werk von Stephen King eine zentrale Rolle spielte und die Verfilmungen von »Feuerkind«, »Katzenauge« und »Maximum Overdrive« hier gedreht worden waren, wo sie als Komparsen mitgewirkt hatten. Aber ganz egal, wo wir hinkamen: Wenn wir durch die Straßen fuhren, schwang immer eine leichte Beklommenheit mit. Dies war der Ort, von dem die Jungs weggelaufen waren, weil sie hier nicht sie selbst hatten sein können. Man spürte, dass sie es auch jetzt noch nicht konnten. Dass sie hier immer noch nicht frei waren und diese Unfreiheit sie jedes Mal einholen würde, wenn sie hierher zurückkehrten. Unter diesen Vorzeichen empfand ich es als umso größeren Vertrauensbeweis, dass sie uns mit hierhergenommen hatten.

Die entspannteste Zeit war, wenn wir die Außenwelt links liegen ließen, von morgens bis abends am Strand rumhingen, baden gingen, Frisbee spielten und Rolling-Rock-Bier tranken. Dann war Urlaub. Dafür waren wir hier, abgesehen natürlich vom Geburtstag, den wir am letzten Abend feierten. Unser gemeinsames Geschenk war das perfekte Präsent für Andrea: ein Einlitergefrierbeutel voller Gras, den wir aus New York mitgebracht und auf der Hinfahrt wegen seines verräterischen Geruchs babuschkamäßig in mehreren Tupperdosen versteckt hatten. Der Geburtstagsabend fing super an. Ben machte Barbecue, Carlton kümmerte sich um die Musik. Greg, Wotan, Alicia und ich tanzten durchs ganze Haus, und als Andrea sein Geschenk entgegennahm, freute er sich wie ein Schneekönig. Alles sah danach aus, als könne der Rest der Nacht in Marihuana-Dunst und vollendeter Entspannung aufgehen. Das mit dem Marihuana-Dunst klappte. Aber auf halber Strecke sprengte ein Vorfall die Mokotov-Harmonie und brachte sie für mehrere Tage kräftig aus dem Gleichgewicht.

Es war nicht ungewöhnlich, dass wir nach ein paar Drinks oder Joints quer übereinander auf dem Sofa rumhingen und alle sehr kuschelig wurden. Doch an diesem Abend gab Alicia übertrieben Gas mit ihrer Anhänglichkeit. Zumindest bei Wotan. Sie fummelte ständig an ihm rum, und weil er darauf einging, waren die beiden immer wieder kurz davor zu knutschen. Dagegen wäre nichts einzuwenden gewesen, wenn daneben auf dem Sofa nicht Ben und Carlton gesessen hätten. Ben war Alicias Boyfriend, was man allerdings kaum merkte, sodass auch ich es nur durch Zufall in Wilmington mitbekommen hatte. Und Carlton war in Wotan verknallt, was man bei den »You're a Mess«-Schäkereien durchaus merken konnte, worüber wir aber alle geflissentlich hinwegsahen. Die Situation war also heikel, und ich sah das Beinahe-Geknutsche mit wachsender Sorge. Ich fragte mich die ganze Zeit, ob eigentlich nur ich mitbekam, wie demonstrativ Alicia an meinem Bruder rumbaggerte. Weder Ben noch Wotan schienen sich darüber zu wundern. Hatte ich irgendwas nicht mitbekommen? Sollte ich etwas sagen, dazwischengehen, Wotan bremsen? Solche Fragen schwirrten mir durch den Kopf, während ich gleichzeitig versuchte, Ben und Carlton bei Laune zu halten. Die Situation war super anstrengend. Wie sehr, merkte ich erst, als Wotan sich plötzlich von Alicia löste, aufstand und aufs Klo ging. Na endlich! Die Turteltäubchen waren getrennt. Ich konnte mich endlich wieder entspannen und den Abend in aller Ruhe ausklingen lassen. Während ich in die Küche ging, um mir einen Wodka Cranberry zu mischen, beschloss ich dennoch, Wotan anzusprechen, sobald er aus dem Bad kam, und ihm zu raten, Alicias Anhänglichkeit besser nicht zu erwidern. Ich wollte nicht den Hausfrieden in Gefahr bringen. Schon gar nicht an unserem letzten Abend in North Carolina.

»Hel-looo, Zeze!« Greg in seinem Tutu kam zu mir, mixte sich ebenfalls einen Drink und fing an zu erzählen, wie froh er war, endlich wieder zurück nach New York zu kommen. Auch Carlton und Andrea merkte man an, dass sie nach fünf Tagen in Wilmington wieder wegwollten. Bei aller Vertrautheit hatte die Stadt bei ihnen allen Narben hinterlassen. Dann gesellte sich auch Andrea zu uns, nahm mich überschwänglich in den Arm und dankte mir für das »perfect present«. Aus seinen von der vielen Kifferei zu schmalen Sehschlitzen geschrumpften Augen blitzte echte Freude. Im Hintergrund sah ich Carlton, der zur Anlage ging und eine neue CD raussuchte. Als er die Stopptaste drückte, war es für einen kurzen Moment ganz still im Haus.

Doch gerade als Greg Luft holte, um zu seiner nächsten Plapper-Attacke anzusetzen, hörten wir auf einmal ein Geräusch. Es war nicht von der CD, die Carlton einlegte, und auch keine Musik. Es war ein Stöhnen, das einer Frau. Genauer gesagt von Alicia. Es kam aus dem Badezimmer. Alle erstarrten. Das Stöhnen wurde lauter und enthemmter. Und bevor ich darüber nachdenken konnte, ob ich die Situation noch retten oder Wotan warnen konnte, sprang auch schon Ben vom Sofa auf und stürmte mit einem wutschnaubenden »What the fuck!« zur Klotür.

HAPPY END

Wahrscheinlich glaubt mir das keiner, denn selbst für mich klingt es im Nachhinein wie eine ulkige Rechtfertigung, aber ich wusste wirklich nicht, dass Ben und Alicia ein Paar waren. Woher hätte ich es wissen sollen? Da war doch nie etwas zwischen den beiden. Kein Händchenhalten, kein Küsschen, kein gar nichts. Ich war die ganze Zeit fest davon ausgegangen, dass Ben homosexuell war. Er und Andrea tanzten in der gleichen Company, und während Bens Besuch in New York studierten sie die gleichen, in meinen Augen sehr queeren Choreografien ein. Deshalb war ich auch nicht verwundert, als Alicia mir an diesem Abend vor allen anderen die Zunge in den Hals schob, mir dann einfach ins Badezimmer folgte und sich auf mich stürzte. Erst als Ben an die Badezimmertür hämmerte und »What the Fuck« brüllte, Alicia plötzlich von mir abließ und »We made a mistake« stammelte, schwante mir, dass hier irgendetwas nicht richtig war. Aber meiner Meinung nach hatten den Fehler nicht *wir* gemacht, sondern vor allem sie. Sie war es schließlich, die mit der Fummelei angefangen und einen Boyfriend im Raum hatte, nicht ich. Alicias deutliche Bereitschaft erinnerte mich in erster Linie daran, dass für mich in den überwiegend homosexuellen Clubs in New York City doch etwas Wichtiges fehlte: Sex. Deswegen brannte ich lichterloh dafür, was ich nicht als Fehler sehen kann. Ich konnte ja nicht ahnen, dass Alicia so laut stöhnen und ausgerechnet in diesem Moment die Musik im Wohnzimmer verstummen würde. Hätte ich all das gewusst, hätte ich mich sicher anders verhalten und mich niemals auf Alicias Annäherungsversuche eingelassen.

Geschämt habe ich mich nach dem Vorfall natürlich trotzdem wie verrückt. Gegenüber Ben, klar, aber noch mehr gegenüber Carlton. Auch wenn ich mir vorher keine Gedanken darüber gemacht hatte, leuchtete mir im Nachhinein völlig ein, dass ihn diese Aktion sehr verletzt haben musste. Nicht nur, weil es sich für ihn angefühlt haben muss, als würde der Besuch, den er mitbrachte, sein Vertrauen missbrauchen, sondern auch, weil die Sache vielleicht auf ihn wirkte, als hätte ich ihm grob meine Heterosexualität demonstrieren wollen. Dass er ein bisschen in mich verknallt war, hatte ich wahrscheinlich unbewusst stärker geahnt, als ich mir eingestehen wollte. Diese Ahnung wurde jetzt zu einer Gewissheit. Aber was hätte ich mit dieser Ahnung anfangen sollen? »Wir müssen reden« sagen und ihm verständlich machen, dass ich ihn liebte und mir keinen schöneren Grund als ihn vorstellen konnte, schwul zu werden, was aber nicht in meiner Macht lag, weil ich nun mal leider hetero war? Ja, wahrscheinlich hätte ich genau das sagen sollen, verdammt! Ich hab es ihm auch gesagt. Allerdings eben erst, als plötzlich alle furchtbar sauer und enttäuscht waren und eine Klärung der Verhältnisse unvermeidbar wurde. Dafür war das Geschehene wahrscheinlich sogar ganz gut. Es führte dazu, dass Carlton und ich einen Schwebezustand beendeten, den wir wahrscheinlich beide aufzulösen scheuten, weil wir Angst hatten, den anderen zu verletzen. Und wir wussten, dass es nicht ein großes Happy End zur Folge haben würde, sondern möglicherweise das Gegenteil. Ihn enttäuscht zu haben, der immer ein geduldiger, warmherziger und fröhlicher Freund war, tat mir schrecklich weh. Aber unsere Verbindung war so stark und so wenig von unseren unterschiedlichen sexuellen Vorlieben beeinflusst, dass Carlton und ich uns heute immer noch sehr nahe sind. Er ist immer einer dieser ganz besonderen Menschen für mich geblieben, von denen man im Laufe des Lebens nur sehr wenige trifft. Ich glaube, das beruht auf Gegenseitigkeit. Seine Freundschaft zu Alicia hingegen ist seit 30 Jahren Geschichte. Liebe ist eben auch möglich, wenn sie nicht nach zielgerichteten Mustern und in institutionalisierten Formen gelebt wird. Vielleicht ist sie dann sogar noch allumfassender. Dafür, dass ich das erfahren durfte, bin ich dankbar. Es ist ein Stück Freiheit.

Zum Glück kam Ben in seiner Wut damals nicht ins Bad rein, weil Alicia und ich mit unseren Körpern den Zugang versperrten. Aber das verhinderte natürlich nicht, dass sich daraus ein großes Drama entwickelte.

WHEE-WHEE-WHEE

Drama, ja, das passt. Ben war außer sich, Carlton enttäuscht, und Andrea solidarisierte sich mit seinem Bruder. Alle anderen, inklusive mir, waren peinlich berührt. Dass der Abend in aller Ruhe ausklang, wie ich es mir erhofft hatte, klappte also nicht. Vielmehr endete er in allgemeiner Geknicktheit, die sich den ganzen nächsten Tag über hielt, und nicht verflogen war, als wir uns am späten Nachmittag auf den Weg zurück nach New York machten. Wegen der großen Hitze hatten wir beschlossen, die Nacht durchzufahren.

Wir saßen also in altbewährter Besetzung im Auto, aber die Stimmung war grauenhaft. Andrea saß am Steuer und sagte nichts, Wotan und Carlton schwiegen sich auf der Rückbank an, mit mir als Puffer zwischen ihnen. Der Einzige, der versuchte, ein bisschen Stimmung zu machen, war Greg, der mit übergeschlagenen Beinen auf dem Beifahrersitz thronte und in einer Mischung aus Ignoranz und Hilflosigkeit gegen das bedrückte Schweigen anquasselte. Währenddessen dünstete unter dem Fahrersitz das Gras im Geburtstagsbeutel vor sich hin. Andrea bediente sich davon bei jeder Fahrtunterbrechung, um seine Pausen-Joints zu drehen. Der Rest: Schweigen und Schweiß. Aufgeheizt vom Tag, war der Innenraum des Dodge Diplomat der reinste Glutofen. Carlton trug nichts als Boxershorts, Greg wie meistens nur ein grünes Tutu, und uns anderen klebten nach einer halben Stunde Fahrt die Klamotten wie eine zweite Haut am Leib.

Da wir vergessen hatten, vollzutanken, mussten wir schon nach kurzer Fahrt an einer vereinzelten Fuel Station stoppen, die wie ein gestrandetes U-Boot mitten in der Weite endloser Maisfelder auf Kunden wartete. Aber sie schien wieder mal in erster Linie als Treffpunkt der Provinz-Cops zu dienen, die sofort misstrauisch guckten, als wir auch nur aus dem Wagen stiegen. Aber wir beachteten sie gar nicht. Andrea tankte voll, Wotan blieb bei ihm am Auto, Greg, Carlton und ich gingen in den Shop, um uns mit Snacks und Sodas zu versorgen.

Ich dachte erst, dass ich vielleicht ein, zwei Bier kaufen könnte, um die Stimmung im Auto zu heben, aber ich hatte vergessen, dass es an US-Tankstellen keines gab. Na gut, dann mussten wir eben die warmen Dosen Colt 45 trinken, die ich als Notreserve von Ben mitgenommen hatte. Vielleicht war das genau das Richtige, warmes Bier gegen frostige Stimmung. Als ich merkte, dass Carlton und Greg schon wieder am Auto waren, kaufte ich hastig noch eine Tüte Munchos-Chips und sprintete ihnen hinterher.

Bevor ich wieder meinen Pufferplatz auf der Rückbank einnahm, holte ich schnell noch vier Colt-45-Dosen aus dem Kofferraum. Heimlich, damit die Cops es nicht mitbekamen. Biertrinken war auf der Fahrt nämlich verboten. Alkoholische Getränke durfte man in den USA offiziell nur in geschlossenen Einheiten im Kofferraum aufbewahren. Das waren diese komischen amerikanischen Hundertprozenter-Gesetze, die in keinem Verhältnis zu den Nachlässigkeiten in anderen Bereichen standen. Eine offene Bierdose auf dem Rücksitz war ein Verbrechen, aber eine Knarre auf dem Beifahrersitz erlaubt. Na dann Prost!

Die anderen guckten ein bisschen komisch, als ich meinen Joker zog und jedem eine lauwarme 24-Unzen-Dose in die Hand drückte. Während die Sonne hinter den Maisfeldern unterging, schäumten und zischten in unserem Dodge erst mal die Dosen. Aber der Plan ging nicht auf. Trotz meiner fast schon naiven Bemühungen, für Stimmung zu sorgen, blieben die anderen maulfaul und nuckelten lustlos an ihrem Colt 45. Dabei trank ich sogar im Sinne der besseren Stimmung mit, obwohl ich gar kein Bier mochte. Alles für den Frieden, alles für meinen Bruder. Dass es nichts brachte, machte den lausigen Geschmack noch bitterer, als er ohnehin schon war.

Irgendwann gab ich es auf, Gutwetter zu machen. Ich lehnte mich zurück, klemmte mir die Dose zwischen die Beine und riss meine Chipstüte auf. Just in dem Moment, als ich mir eine ordentliche Portion Munchos in den Mund steckte, um den scheußlichen Biergeschmack zu vertreiben, ertönte hinter uns ein Geräusch, bei dem mir die Chips prompt im Halse stecken blieben. Dieser Sound ließ in der ausgestorbenen Einöde, in der uns seit Ewigkeiten kein Auto begegnet war, nichts Gutes erahnen. Es war das Whee-whee-whee einer Polizeisirene.

AFTER THE STORM

Das Polizeiauto überholte uns, setzte sich vor uns und forderte uns zum Anhalten auf. In einiger Entfernung folgte ein zweites, sodass wir zwischen zwei Streifenwagen eingekeilt waren. Andrea fluchte einmal laut, lenkte den Wagen ruckartig an den Straßenrand und bremste folgsam ab. Was er dann tat, war allerdings total absurd. Statt sitzen zu bleiben und abzuwarten, hechtete er mit einem Satz nach hinten und quetschte sich zwischen uns auf die Rückbank, wo wir nun zu viert saßen, während der Fahrersitz leer und unbesetzt war. Greg drehte sich vom Beifahrersitz konsterniert um und fragte: »What're you doing?« Carlton riss Zeze und mir die Bierdosen aus der Hand und beförderte sie mit einem diskreten Wurf ins Halbdunkel des Maisfelds neben dem Auto. Greg schmiss seine Dose geistesgegenwärtig und halbwegs diskret ebenfalls aus dem Fenster. Dann öffneten sich am Polizeiwagen vor uns auch schon die Türen, zwei typisch amerikanische Cops stiegen aus und kamen in einer Art und Weise auf unser Auto zu, die in der Einsamkeit des platten Landes umso bedrohlicher wirkte. Einer von ihnen leuchtete mit einer Stabtaschenlampe den Fahrersitz aus, auf dem niemand saß. Nach einem kurzen Stutzen schwenkte er den Lichtkegel zum Beifahrersitz. Dort saß jemand: Greg, ein eindeutig nicht heterosexueller Schwarzer, mit übergeschlagenen Beinen und grünem Tutu, der »Hel-looo!« rief, als wären die Cops alte Freunde von ihm.

Mit schneidender Stimmte fragte der Cop, wo der Fahrer sei. Greg spielte den Ahnungslosen. Zeze, Carlton und ich sahen vorsichtig in Andreas Richtung, aber der schüttelte nur abwehrend den Kopf. Der Cop fragte ein zweites Mal, diesmal noch schärfer und lauter: »Where's the Driver?« Gerade, als mir unser lausig gefälschter Führerschein in den Sinn kam, klappte die Autotür zu meiner Rechten, Carlton stieg aus dem Wagen und behauptete, dass er gefahren sei. Er stand da, mitten auf der Straße, im Spot der Stabtaschenlampe. Barfuß, verlegen grinsend, nur in Boxershorts. Die Unterhaltung, bei der er intuitiv in den lokalen Slang der Cops einfiel, die beide weiß und alles andere als bester Stimmung waren, ging ungefähr so:

Cop 1: »Warum sitzen Sie nicht am Steuer?«

Carlton: »Ich hatte Schiss.«

Cop 1: »Schiss? Wovor?«

Cop 2 (mit einem gehässigen Blick Richtung Greg): »Vor Ihrem Beifahrer?«

Bei dieser Frage stieß er seinen Kollegen feist grinsend und Beifall heischend in die Seite. Beide glucksten verächtlich. Aber Carlton ließ sich nicht aus der Ruhe bringen und deutete auf seine nackten Füße. Später erklärte er uns, dass er glaubte, dass barfuß Auto fahren in den USA genauso verboten ist wie Bierdosen im Passagierbereich von einem Pkw. Der Cop zog die Augenbrauen hoch und sagte etwas im Sinne von: »Barfuß ist noch kein Dieb weit gekommen.« Erneutes Glucksen.

Carlton: »Was soll das heißen? Wir sind keine Diebe.«

Cop 1: »Sind Sie da ganz sicher?«

Carlton: »Ja, ganz sicher.«

Cop 2: »Warum haben Sie dann Ihr Benzin an der Tankstelle nicht bezahlt?«

Carlton: »Ich hab ... What?«

Cop 1 (verblüfft): »Sie wissen nicht, warum wir Sie angehalten haben?«

Carlton: »Nein, keine Ahnung.«

Cop 2: »Soll ich's noch mal wiederholen? Sie haben ganz dreist Ihr Benzin an der Tankstelle nicht bezahlt.«

Cop 1: »Und Sie wurden dabei gefilmt.«

Wir drehten uns alle zu Zeze. Jeder war davon ausgegangen, dass er bezahlt hatte, weil er mit seinen Snacks als Letzter an der Kasse gewesen war. Er erstarrte, mit der Hand in der Chipstüte.

»Hast du nicht bezahlt?«, fragte ich.

Eine Antwort bekam ich nicht, zumindest nicht direkt. Stattdessen erfasste Zeze überragend schnell die Gesamtsituation und handelte. Er spielte den Cops gegenüber den unschuldigen Touristen, scheinbar kaum des Englischen mächtig: »My mistake«, »So sorry«, »No thief«, »Very confused«, »So sorry«, »From Europe«, »So sorry«, »So sorry«. So laberte er, bis die immer noch leicht ungläubigen Cops genervt abwinkten und im Befehlston anordneten, dass wir ihnen bis zur Tankstelle hinterherfahren, unsere Schulden begleichen und dann zusehen sollten, dass wir weiterkamen.

Nachdem wir gezahlt hatten, uns mehrfach beim Tankwart entschuldigt hatten und weitergefahren waren, atmeten alle im Auto spürbar auf – und sogen dabei unweigerlich den würzig krautigen Geruch von Andreas Gras-Vorräten durch die Nase ein. Danach machten uns die Jungs erst mal klar, wie glimpflich wir davongekommen waren und welche Macht weiße Cops auf dem Land hatten. Vor allem aber schien durch ihre große Erleichterung der Knoten geplatzt zu sein. Der Rest der Fahrt war wie der Hinweg: ein unablässiges Gerede und Gelache, bei dem wir die Konfrontation mit den Cops zwischen den Maisfeldern genüsslich und in allen Details auseinandernahmen. Andrea erklärte, dass er nach hinten gesprungen war, weil er einige Straftickets durch zu schnelles Fahren auf der Rechnung hatte und ihn ein weiteres Vergehen den Führerschein gekostet hätte. Zeze entschuldigte sich bei allen. Es stellte sich heraus, dass jeder vom anderen geglaubt hatte, er hätte die Rechnung an der Tankstelle übernommen, oder wegen Zezes sorglosen Abgangs davon ausgegangen war, dass er uns das Benzin zum Geschenk gemacht hatte. Gleichzeitig entstand eine diebische Freude darüber, dass die Cops weder das Gras gefunden noch Carltons vermeintliches Barfuß-Fahren zu Protokoll genommen hatten.

Als wir im Morgengrauen New York erreichten, war nicht nur der Himmel über der Stadt wolkenlos, auch die Harmonie in der Gruppe schien einigermaßen wiederhergestellt. Auch wenn sie um ein paar unausgesprochene Sehnsüchte und Illusionen ärmer war. Eigentlich war ich ganz froh darüber. Als wir im Licht des frühen Tages über die Newark Bay Bridge Richtung Manhattan rollten, kam mir mein Fehltritt mit Alicia schon gar nicht mehr so dramatisch vor. Er begann, zu dem zu werden, was er am Ende war: ein reinigendes Gewitter.

RAIN

Wenn ich daran denke, wie viele Gespräche ich in der Woche nach North Carolina mit Carlton führen musste, um seine Enttäuschung zu lindern, passt Wotans Bild vom reinigenden Gewitter aus meiner Sicht nicht wirklich. Das war eher eine hartnäckige Schlechtwetterfront. Aber nach ein paar Tagen lösten sich die Verspannungen tatsächlich und verflüchtigten sich in den New Yorker Sommerhimmel, wo sich das Bild vom reinigenden Gewitter dann doch noch manifestierte. Kurz nach unserer Rückkehr aus Wilmington erlebte ich meinen ersten großen Regen in New York. Eine Naturgewalt im wörtlichen Sinne. Wotan und ich waren in der Nähe des Central Parks unterwegs, als sich der Himmel über den Wolkenkratzern plötzlich verdunkelte, die Menschen hastig in Läden, Restaurants und Taxis huschten und es wie aus Eimern anfing zu schütten, bevor ich richtig begriff, was los war. In Sekundenschnelle waren wir völlig durchnässt und die Bordsteinkanten in reißende Bäche verwandelt. Wir flüchteten in einen Grocery-Store, blieben aber nur kurz, denn dort war es so kalt, dass wir mit unseren nassen Klamotten schon nach einer Minute anfingen zu schlottern. Die eisigen Klimaanlagen waren auch so ein New-York-Phänomen. Im Angelika Film Center sind wir sogar mal während der Vorführung gegangen, weil wir die Kälte nicht länger ertrugen. An besagtem Regentag flüchteten wir vor dem Umluft-Frost und liefen mitten durch den sommerlichen Starkregen. Auch diese Erfahrung empfand ich als große Freiheit. Nach ein paar Blocks endete die Sintflut so plötzlich, wie sie gekommen war. In den Minuten danach wirkte die Stadt wie neu. Sie atmete tief durch, schimmerte, dampfte – und wir mit ihr.

SHINE

Eine besondere Stärke meines Bruders lernte ich nach dem Drama in North Carolina kennen und bewundern. Zeze hat anscheinend viel zwischen Carlton und mir vermittelt, ohne dass ich es mitbekam. Da wurde mir vielleicht zum ersten Mal klar, welche Stärken Einfühlungsvermögen und Dialogfähigkeit sind und welche ausgleichende Macht der Wunsch nach Harmonie haben kann. In der Welt des Kapitalismus werden solche Fähigkeiten viel zu gering geschätzt, belächelt oder als schwach abgetan. Wie viel Kraft diese vermeintlichen Schwächen haben, wurde mir erst im Laufe der Jahre bewusst, auch dank Zeze. Für mich ist es ebenfalls ein Ausdruck großer Charakterstärke, dass Carlton sich damals nicht von mir abwendete, sondern es trotz seiner tiefen Enttäuschung schaffte, unsere Freundschaft neu zu denken als die besondere Verbindung, die sie bis heute ist. In einem Zeitungsbericht über das Mode-Label, das er viel später gründete, hieß es, dass seine Kreationen »really shine«, also wirklich strahlen. Für mich geht auch von Carlton selbst ein Strahlen aus. Ein Strahlen der Offenheit, der Willensstärke und der Bereitschaft, sich ständig neu zu erfinden, und gleichzeitig allen anderen den Raum zuzugestehen, es ebenfalls zu tun. Es ist für mich seitdem untrennbar mit dem Strahlen New Yorks verbunden.

VON RATTEN

Strahlen hin oder her, es gab auch Schattenseiten. Ich erinnere mich an einen Unfall, der sich direkt vor unseren Augen abspielte. Ein Polizeiwagen fuhr ohne Blaulicht bei Rot über die Kreuzung und kollidierte mit einem Wagen, in dem zwei junge Frauen saßen. Als sie aussteigen wollten, wurden sie von den Cops mit der Waffe im Anschlag daran gehindert. Die Kreuzung war in kurzer Zeit vollgestellt mit Polizeiwagen, die aus jeder Ecke angerast kamen. Die Schuldfrage war für Wotan und mich eindeutig, aber hier galten eben andere Gesetze. Oder besser: andere Maßstäbe, als wir sie aus Deutschland kannten, welche hier wiederum offenbar nicht galten.

Die Härte, die gnadenlosen Hackordnungen, die Rohheit. Das Scheißegal-Gefühl, das es uns bei den Partytouren so leicht machte, durchzudrehen, weil es niemand anstößig fand, gab es eben auch in der negativ-gleichgültigen Variante.

Diese Momente ließen uns merken, in was für einer harten Stadt wir letztendlich doch gelandet waren, in der es mitunter alles andere als fröhlich und freundlich zuging.

Wenn in New York jemand auf der Straße lag, ließen die Leute ihn liegen. Wenn jemand im aggressiven Verkehr einen Unfall hatte, wurde er nicht bedauert, sondern beschimpft. Wer durchs Raster der Gesellschaft fiel, hatte hier keine Chance.

Manchmal erinnerte mich das Leben der Menschen in dieser Stadt an die Ratten, die hier überall durch die Gegend huschten. Jeder wuselte für sich herum und versuchte, am Leben zu bleiben, wer stehen blieb oder nicht schnell genug war, zog den Kürzeren. Als Andrea und ich einmal durchs Village gingen, hörte ich in der Ferne plötzlich Schüsse. Andrea sagte nur ungerührt, dass es eine Rattenplage gäbe: »Wenn die Viecher zum Problem werden, werden sie zum Abschuss freigegeben, dann ziehen Rattenjäger los.«

Genauso prägte sich mir ein, wie ich eines Tages Helikoptergeräusche und Lautsprecheransagen vor unserer Haustür hörte. Als ich die Eingangstür der Gallery öffnete, um nachzusehen, was los war, bat mich sofort ein Cop mit Maschinengewehr, wieder hineinzugehen und die Tür geschlossen zu halten. In dem kurzen Moment, als die Tür offen stand, sah ich trotzdem den Grund für den Polizeieinsatz. Es war keine tote Ratte, sondern ein toter Mensch. Er lag reglos auf der Straße. Als die Cops später Entwarnung gaben, erzählten sie, dass ein Mann auf der Straße erschossen worden sei. Beeindruckt schienen sie davon nicht, sie wirkten fast gelangweilt. Für mich, der nicht so abgebrüht war, machte ihr gleichgültiges Verhalten den Vorfall nur noch schockierender. Er zeigte, wie wenig der Einzelne im anonymen Sumpf der Großstadt zählte. Und wie gut wir es hatten, da wir uns nahezu nonstop in einer Welt der Leichtigkeit aufhielten.

UND MÄUSEN

Beim Thema Ratten fällt mir ein, dass wir vergessen haben, zu erzählen, warum der North-Carolina-Trip nicht nur ein Drama, sondern auch ein Verlustgeschäft war. Das hatte mit einem Angestellten einer Autovermietung zu tun. Der war nämlich auch eine Ratte. Als wir den unversehrten und vollgetankten Dodge Diplomat am Morgen nach unserer Ankunft in NYC zurückgeben und den Schlüssel gegen die 400 Dollar Deposit zurücktauschen wollten, nahm derselbe Mann, der uns letzte Woche den Wagen übergeben hatte, kommentarlos den Autoschlüssel entgegen, ließ sich zeigen, wo ich geparkt hatte, fragte uns nach dem Meilenstand des Wagens, ließ sich auf seinen Hocker hinter dem Tresen fallen, zündete sich die nächste Kippe an und widmete sich stumm wieder seinem Bildschirm. Nach einigen Minuten wunderten wir uns, dass nichts mehr von ihm kam. »What about the deposit?«, fragte ich schließlich. Als wir keine Antwort bekamen, wiederholte ich meine Frage nach den 400 Dollar Kaution, die ich ihm letzte Woche gegeben hatte. Er guckte hoch, sah mir direkt ins Gesicht und fragte mit Unschuldsmiene: »What deposit?« Ich erklärte ihm die Situation. Er schaute mich mit dem Schatten eines Lächelns an und sagte, er wisse von keinem Deposit, und fragte, ob wir da etwas Schriftliches hätten. Natürlich hatten wir uns keine Quittung für das Geld geben lassen. Denn Autovermietungen waren in meiner bisherigen Erfahrung eine relativ seriöse Branche gewesen. Nachdem er sich weiterhin standhaft weigerte, sich zu erinnern, überlegte ich kurz, die Polizei einzuschalten, verwarf den Gedanken aber sofort wieder, als mir mein gefälschter Führerschein einfiel. Wütend, frustriert und um eine ganze Menge Geld ärmer knallten wir die Tür hinter uns zu und trollten uns mit ausgiebigen Rachefantasien zurück nach Hause. Seitdem gehören Autovermietungen für mich nicht mehr zu den seriösen Branchen, sondern zu den Abzockern.

GO-GO-AREA

400 Dollar waren für uns eine unfassbar große Summe. Trotzdem fühlte es sich so an, als ob wir nie Geldprobleme hatten. Woran das lag, weiß ich nicht. Aber die Car-Rental-Schlappe riss uns ein spürbares Loch in unsere Urlaubskasse. Vermutlich taten wir deswegen etwas, wofür wir uns heute noch schämen.

Wir klauten das Trinkgeld an der Bar im Limelight. Ganz mies, wenn man bedenkt, dass das Personal in der amerikanischen Gastronomie zu Hungerlöhnen arbeitet und die Tips de facto der Lohn sind. Wir müssen schräg drauf oder eben wirklich sehr pleite gewesen sein, um so was zu machen. Das einzig Gute daran: Es schwirrt mir bis heute wie eine Mahnung im Hinterkopf, die mich daran erinnert, mit Trinkgeld großzügig zu sein.

Wir entdeckten das Time Café, eine Bar, in der nicht getanzt wurde. Wir taten es trotzdem, warum auch immer. Aber es hatten alle etwas davon. Die Gäste freuten sich, weil wir für gute Laune sorgten, der Betreiber freute sich, weil wir für guten Umsatz an der Bar sorgten, wir freuten uns, weil wir kostenlose Drinks vom Barkeeper bekamen, dem unser Tanzen gefiel und der sich mit Michael Alig den Vornamen teilte. Um die beiden nicht zu verwechseln, nannten wir ihn Time-Café-Michael. Nachdem wir ein paarmal während seiner Schicht getanzt hatten, gab er uns und unseren Freunden sämtliche Getränke aus. Seinen eigenen Freunden stellte er uns immer mit »These are my Friends, they are Go-go Dancers« vor. Dieses Label verfolgte uns dann manchmal, und wir mussten die Dinge häufig richtigstellen. Trotzdem blieben wir Stammgäste im Time Café. Es kostete ab jetzt ja nichts mehr. Außer Trinkgeld natürlich!

NO-GO-AREA

Dass wir es schafften, in den acht Wochen nicht einmal überfallen zu werden, hatte vielleicht auch damit zu tun, dass wir weiter nach den Verhaltensregeln des Washington Square Parks lebten. Einmal war ich allein unterwegs und stieg aus Versehen in eine Express-Subway, die bis nach Harlem durchfuhr. Harlem und die Bronx waren damals noch »Gettos«, No-go-Areas, wo es auch Carlton und Andrea nicht hinzog, obwohl sie Schwarz waren, wie die meisten dort, und somit weniger aufgefallen wären. Aus Deutschland kannte ich so was nicht. Aber wo ich schon mal da war, wollte ich mir die Gegend mal ansehen. Ich merkte schnell, dass das ein Fehler war. Vielleicht wirkte ich auch so deplatziert, wie ich mich fühlte, und unsicherer, als ich glaubte. Plötzlich verstummten auf der Straße alle Gespräche, und Typen, die hervorragend in jedes Gangsta-Rap-Video gepasst hätten, bewegten sich langsam in meine Richtung. Wegrennen war keine Option, und der U-Bahn-Schacht lag schon zu weit hinter mir. Plötzlich knallte es am Himmel und fing an zu schütten. Ein massiver Wolkenbruch ging nieder, wie es ihn nur in New York gibt. Während sich die Wassermassen auf die Straßen ergossen, zogen sich die unfreundlich wirkenden Gestalten, die mich belauert hatten, in ihre Hauseingänge zurück. Von dort beobachteten sie mich weiter, als würden sie nur darauf warten, dass der Regen nachließ und sich eine Gelegenheit bot, mich in die Zange zu nehmen. Sicherheitshalber lief ich im strömenden Regen in der Straßenmitte zurück zur rettenden U-Bahn. Dabei fühlte ich eine seltsame Mischung aus Würde und Stolz und eine große Portion des demütigen Gefühls, noch mal davongekommen zu sein. Ich bin mir ziemlich sicher, der billige Trick, in solchen Situationen auf irre zu machen und laut vor sich hin zu brabbeln, hätte mich in diesem Fall nicht davor bewahrt, zumindest alle meine Wertsachen und vor allem meine relativ neuen Sneakers einzubüßen.

SEX

Man kann nicht über Rausch sprechen, ohne über Sex zu sprechen, der für viele ja der Inbegriff davon ist. Da geht's darum, alle Vernunftsynapsen auszuschalten und sich hinzugeben. Sich hingeben ist für mich die Definition von Rausch. Dass Sex in diesem New Yorker Sommer, der eher ein Rausch der Erfahrungen, der Freundschaft und der, wie Wotan richtig gesagt hat, Entdeckung unseres Brüder-Seins war, keine Riesenrolle spielte, hatte in meinem Fall erstens damit zu tun, dass meine Bandbreite an Erfahrungen auf diesem Gebiet mit 18 noch nicht allzu groß war, und zweitens damit, dass meine Hingabe an die neue, fremde Welt der Großstadt und die Musik mich emotional und körperlich ohnehin gut auslastete.

Wollten wir Frauen kennenlernen, war es ohnehin ein bisschen hinderlich, dass wir aus Europa kamen. Wenn sie hörten, dass wir nur ein paar Wochen in der Stadt waren, verloren sie meist das Interesse, weil das für sie keine Zukunft hatte. Als ob ein näheres Kennenlernen oder auch einvernehmlicher Sex immer erst dadurch legitim und gut würden. Ich gebe zu, dass uns die zögerlichen Reaktionen vieler Frauen zum Lügen verleiteten. Irgendwann antworteten wir auf die Frage, wie lange wir in den USA blieben, immer mit »Mindestens ein Jahr«. Dadurch gelang es sowohl Wotan als auch mir, eine kleine Urlaubs-Affäre auf die Beine zu stellen. Nach der Geschichte mit Alicia lebten wir sie aus Rücksicht auf Carlton und Co. aber nur außerhalb der Mokotov Gallery.

DRUGS

Ich möchte noch etwas zum Thema Drogen hinzufügen, das wir in den Gesprächen zu diesem Buch kontrovers diskutiert haben. Die Befürchtung war, dass der Begriff »Rausch« im Titel bei vielen sofort die Assoziation zu Drogengeschichten hervorrufen würde. Aber ich hoffe, wer bis hierhin gelesen hat, versteht, dass »Rausch« als etwas Größeres zu verstehen ist, dass er eine andere, mehrdimensionalere Bedeutung hat. Drogenrausch hat in diesem Sinne nichts mit Freiheit zu tun, denn er braucht die Droge. Wer sein »Glück« von etwas abhängig macht, ohne das er nicht leben kann, ist nicht wirklich frei. Ich denke, das war uns auch damals schon klar. Dieses Bewusstsein hielt uns selbstverständlich nicht davon ab, vieles auszuprobieren. Und sei es nur, um festzustellen, dass an die Euphorie, die aus deinem tiefsten Innern kommt, keine Substanz von außen heranreicht.

FREE SAMPLE

Es begann mit dem Cowboy. Das war ein Dealer, der immer in der Sound Factory rumhing und den Club Kids ihre Drogen verkaufte. Er war ein Typ in Jeans, der meist topless mit seiner Hip Bag an der Bar rumhing und eben diesen Cowboy-Hut trug, dem er seinen Spitznamen verdankte. Ein cleveres Accessoire. Da ein Hut im Club ein totaler Fremdkörper war, hatte er einen hohen Wiedererkennungswert für die Kundschaft. Gleichzeitig ließ er sich schnell absetzen, wenn diese Auffälligkeit zum Verhängnis zu werden drohte, weil eine Razzia stattfand. Mich beeindruckte damals in erster Linie der Marketing-Aspekt. Nachdem Holger mir bei einem unserer ersten Sound-Factory-Besuche erzählt hatte, was es mit dem Cowboy auf sich hatte, war er für mich eine bekannte Größe, obwohl ich mich für sein Angebot gar nicht interessierte.

Ich fand es immer lustig, dabei zuzusehen, wie sich Wotan und die anderen beim Party-Warm-up in der Mokotov Gallery ihre Pillen einwarfen, nach 45 Minuten giggelig wurden und einer nach dem anderen »Huh, I feel it! I feel it« kicherten. Trotzdem verspürte ich nie das Bedürfnis, mitzumachen. Zumal die Aufgedrehtheit manchmal auch anstrengend wurde. Bei mehr als einer Taxifahrt wären wir fast an die Luft gesetzt worden, weil besonders Andrea nicht still sitzen konnte und im Fünf-Sekunden-Takt irgendwas vom Fahrer wollte: »Haben Sie ein Radio?«, »Können Sie es anmachen?«, »Können Sie es lauter drehen?«, »Können Sie den Sender wechseln?«, »Können Sie das Fenster schließen?«, »Können Sie schneller fahren?«, »Können Sie wieder zum alten Sender wechseln?«, »Vielleicht doch noch einen Tick lauter?« … Nach einer Weile griff immer Carlton ein und rief seinem Bruder zu, er solle den Mund halten. Das sorgte für fünfzehn Sekunden Ruhe. Aber dann ging die Arie von vorne los. Ich fand das eigentlich immer lustig, weil ausgerechnet Andrea, der sonst so tiefsinnig sein konnte, nur Quatsch redete.

Wir lernten nicht nur den Cowboy kennen. Ich erinnere mich zum Beispiel, wie Wotan und ich mal mit Holger in der Wohnung seines Dealers in der Nähe des Washington Squares waren. Dort erwartete uns statt Ignoranz übertriebene Verbindlichkeit. Auf dem Weg dorthin erzählte Holger von einem »nice guy«, der hauptberuflich Lehrer an einer Elementary School sei und nur nebenbei mit Drogen handele. Das führte bei mir dazu, dass ich ihn mir als kinderlieben Hippie in bunten Hemden vorstellte, der vor dem Unterricht fröhlich seine Joints durchzog und der Liebling aller Schüler war. Die Realität sah düsterer aus. Der Typ war ein fahriger Neurotiker, der eher an den Serienmörder aus »Schweigen der Lämmer« erinnerte als an einen fröhlichen Hippie. Seine Wohnung wirkte wie das Hinterzimmer einer Geisterbahn. Sie war komplett schwarz gestrichen, vollgestopft mit mexikanischen Totenmasken und La-Catrina-Figuren und wirkte, als wären seit Jahren weder Sonnenlicht noch Frischluft hereingekommen. Meine Hoffnung, dass wir nur Holgers Pillen abholen und dann sofort wieder gehen würden, wurde enttäuscht. Der Dealer war in Plauderstimmung. Im Prinzip war's das Übliche: Erst konnte er nicht glauben, dass Wotan und ich Brüder sind, dann wollte er alles darüber wissen, wie es dazu gekommen war, dass wir zusammen in den USA Urlaub machten. Eigentlich war er tatsächlich ein netter Kerl. Ihn mir als Lehrer einer Grundschulklasse vorzustellen, fiel mir trotzdem schwer. Wohl auch, weil er ganz ausgehungert schien nach sozialen Kontakten. In Anbetracht der Tatsache, dass wir nur Freunde eines Kunden und nicht seine eigenen Freunde waren, hatte seine Redseligkeit etwas Tragisches. Sie wirkte, als ob er die Leute, mit denen er Geschäfte machte, als Freundschaftsersatz nutzte. Ein Gefühl, das ich später in Berlin noch mehrfach bei Leuten hatte, die mit Drogen handelten.

So oder so: Meine Ambitionen, selbst Pillen zu schmeißen,

waren gering, auch wenn ich ständig damit konfrontiert war, dass andere es taten. Aber dann kam eben diese Nacht in der Sound Factory, in der ich einen kleinen Durchhänger hatte, mich von der Begeisterung der tanzenden Menge entkoppelt fühlte und in den frühen Morgenstunden an der Bar endete, wo um diese Zeit kein Alkohol mehr ausgeschenkt wurde. Letzteres hatte mit den begrenzten Ausschanklizenzen des Clubs zu tun, die ich nie richtig begriff. Jedenfalls trank ich Wasser. Oder Saft. Und war komisch drauf. Dann stand auf einmal der Cowboy neben mir.

Bevor ich anfange, die Situation im Nachhinein zu sehr zu psychologisieren, beschränke ich mich mal auf das Wesentliche: Das Ergebnis meiner Begegnung mit dem Mann mit Hut war, dass ich ihm eine E abkaufte, was meine Stimmung schlagartig besserte. Mein erstes Mal Ecstasy! Allein der Gedanke an diese Premiere brachte mich wieder auf Touren. Ich kippte das Ding mit dem letzten Schluck Wasser (oder Saft) runter und schoss zurück auf die Tanzfläche. Sofort fühlte ich mich ein bisschen weniger entkoppelt von der Menge, spürte fast schon die alte Euphorie wieder hochkommen. Innerlich sah ich mich schon »I feel it! I feel it!« jubelnd durch den Laden schießen und alle mit meiner Energie anstecken. Also weitertanzen und abwarten, bis es »Bam« machte.

Und dann passierte: Nichts. Meine spannungsbedingte Dosis Zweckeuphorie war schnell weggetanzt und die Wirkung der Pille gleich null. Im Nachhinein ist mir klar, dass die erste E nicht nach einer halben Stunde im großen Höhenflug explodiert. In Anbetracht der Tatsache, dass ich bei den anderen beobachtet hatte, dass es immer mindestens eine Dreiviertelstunde dauerte, bis die Wirkung einsetzte, hätte ich es wohl auch damals wissen können. Aber ich war halt komisch drauf in dieser Nacht und ungeduldig. Also dachte ich nach gefühlten vier Songs, zu denen ich diszipliniert weitertanzte, der Cowboy hätte mich mit Placebo-Pillen verarscht.

Irgendwann blieb ich mitten auf der Tanzfläche stehen und sah mich um. Holger, der neben Wotan und mir als Einziger von unserer Truppe bis jetzt durchgehalten und in seinem unbedingten Willen zur Extravaganz an diesem Abend eine Maske mit Dreadlocks aufgesetzt hatte, schien völlig versunken im Sound. Wotan sah in seinen gelben Hotpants und mit seiner grünen Taucherweste, die ein Sichtfenster als Brusttasche hatte, in der er immer seine Fake-ID mit sich rumtrug, mal wieder aus wie ein Frosch auf Stelzen und baggerte gerade eine der wenigen anwesenden Frauen an. Der Rest war die übliche hüpfende, juchzende, wogende Menge, in der gleichzeitig jeder für sich war und alle vereint zu sein schienen. Alle hatten Spaß, außer mir. Ich hatte nur schlechte Laune, langsam taube Füße und einen ziemlichen Hals auf den Cowboy.

Als ich sah, dass er immer noch an der Bar rumstand, kämpfte ich mich durch die tanzenden Leute zu ihm durch und beschwerte mich, dass ich von der E nichts spürte. Er sah mich halb überrascht, halb amüsiert an, machte mit der linken Hand eine beschwichtigende Geste und reichte mir mit der rechten ein quadratisches Stückchen Papier von der Größe einer kleinen Briefmarke. Es war vertikal und horizontal durch dünne Perforationslinien in vier gleich große kleinere Quadrate eingeteilt und mit irgendeinem bunten Tier bedruckt.

»Nimm eine davon, dann geht's dir besser«, sagte der Cowboy. Als er meinen skeptischen Blick sah, fügte er hinzu: »Keine Sorge, kostet nichts. Free sample.«

Darauf bildete ich mir nicht viel ein. Ich wusste, dass die »Free Sample«-Masche eine übliche Methode von Dealern war, um Neukunden zu ködern. Ohnehin sah ich in dem Geschenk in erster Linie eine Wiedergutmachung des Cowboys für seine wirkungslosen Ecstasy-Placebos. Ein Versöhnungsangebot sozusagen – ein durchaus faires. Denn so viel wusste ich dann doch: Das war LSD. Ich beschloss, es anzunehmen.

Ich kann nicht mehr genau sagen, ob ich wirklich nicht verstanden hatte, dass ich nur »eine davon«, also nur eins von den vier Pappe-Quadraten nehmen sollte, ob ich trotzig war oder es schlicht nicht besser wusste. Fest steht jedenfalls, dass ich, während der Cowboy sich zur Bar umdrehte, um mit irgendwem zu sprechen, die komplette bunte Briefmarke auf die Zunge legte. Dann schluckte ich sie runter und dachte dabei noch, dass sich so ein Stück Papier im Gaumen ganz schön groß, trocken und sperrig anfühlte. Dann bedankte ich mich beim Cowboy und wollte gehen. Aber er hielt mich am Arm fest und fragte: »Wo sind die drei anderen?«

Was sollte das denn schon wieder heißen? Welche drei anderen?

»Die drei anderen Trips«, erklärte er. »Ich hab gesagt, du sollst einen davon nehmen. Wo ist der Rest?«

Wahrscheinlich hatte ich es tatsächlich nicht besser gewusst, denn als ich antwortete, dass ich alles auf einmal geschluckt hatte, tat ich es mit dem plötzlichen Gefühl, etwas falsch gemacht zu haben. Das bestätigte sich prompt durch die Reaktion des Cowboys. Er bekam große Augen, griff sich an den Kopf, wurde fahrig, redete irgendwas von »too much« und betonte nochmals, er hätte doch gesagt, ich solle nur »eins davon« nehmen. Am Ende verschwand er kopfschüttelnd in der Menge. Ich ging ein bisschen ratlos, aber auch trotzig zurück auf die Tanzfläche. Was sollte schon dran sein an so einem Free-Sample? Ich sollte es schon bald und ziemlich ausgedehnt erfahren.

Diesmal ließ die Wirkung nicht lange auf sich warten. Ich werde nie vergessen, wie das LSD sukzessive meine Wahrnehmung aufweichte und meine Welt sprichwörtlich ins Wanken brachte. Als Erstes merkte ich, dass der Boden nachgab. Ich tanzte wie auf Eiern oder Schaumstoff. Sehr elastischem Schaumstoff. Mit jedem Hüpfer sank ich tiefer in den Boden ein. Dann hatte ich das Gefühl, alle würden mich komisch angucken. Riesige Augen funkelten mich im Dunkeln an, kamen näher, rasten durch mich durch. Dann sah ich Holger, der mit seiner Maske auf einmal total bedrohlich aussah. Wie der Jungle-Hunter aus Predator. Der Sound wurde plastisch und tropfte als zähe, gallertartige Masse aus den Boxen auf den Dancefloor – eine Masse, die sich in bunt schillernde Staubwolken auflöste, sobald ich danach zu greifen versuchte. Die Wände zerflossen, näherten und entfernten sich. Die Stützpfeiler schwankten, jeder Beat war ein Urknall, die riesige Discokugel über der Tanzfläche die Erde, der Club das All. Und ich: Luft, Wasser, Farbe, Licht. Irgendwas und nichts von alledem – aber auf alle Fälle nicht mehr Herr meiner Sinne.

Anfangs war das irritierend, aber auch toll. Aber was heißt schon »anfangs«, wenn man mit jeder Bewegung ein Stück weiter in die eigene Unendlichkeit abdriftet? Ich weiß nicht, wie lange es dauerte, bis Wotan vor mir stand, mich schüttelte und meinen Namen rief. Ich weiß noch, dass auch er ganz gut in anderen Sphären unterwegs war. Aber auch, dass er mich sorgenvoll ansah. Ich konnte kaum sprechen. Trotzdem schaffte ich es, ihm zu vermitteln, was mit mir passiert war. Und auch dass das, was sich anfangs super angefühlt hatte, jetzt zunehmend ins absolute Gegenteil umschlug.

Als mein Bruder meinen Namen rief, war es, als würde dieser als Stofflichkeit aus seinem Mund blubbern wie Seifenblasen, während die Farbe seiner Taucherweste von der Luft aufgesaugt wurde und als grünes Gas den ganzen Raum ausfüllte. Das Nächste, woran ich mich erinnerte, war, wie wir gemeinsam den Club verließen. Die Blendung beim Hinaustreten in den helllichten, sonnengrellen, wolkenlosen Tag war die reinste Folter. Aber damit fing der Horror erst an.

FEAR AND LOATHING
IN NEW YORK

Horror. Das war es wirklich! Obwohl ich genauso weggespaced war und genauso wenig meinen Sinnen vertrauen konnte, wurde ich zwischendurch von einer Sorge um meinen kleinen Bruder erdrückt, die die Wirkung der Drogen weit übertraf. Ich merkte sofort, dass etwas mit ihm nicht stimmte, und schob uns beide raus aus der verbrauchten Luft und dem Lärm, zu dem die Musik plötzlich geworden war. Holger wollte uns noch mit verzerrtem Gesicht und tellergroßen Pupillen zum Bleiben überreden und hielt mich am Arm zurück. In diesem Moment hätte ich ihm eine reinhauen können. »Das ist mein Bruder, dem es schlecht geht«, brüllte ich ihn an. Das Verstörende an der Wirkung des LSD war nicht nur, dass die Wolkenkratzer schwankten, die Konsistenz des Bodens sich ständig zu ändern schien und sich die Wahrnehmung des eigenen Körpers komplett meiner Kontrolle entzog, sondern vor allem die Paranoia, die wir bekamen, sobald wir aus der beschützenden Dunkelheit des Clubs in das grelle Licht der schon heraufziehenden Sonne in die Realität wechselten. Aber in diesem Zustand gehört man da nicht hin, denn man ist gerade in einer anderen Welt.

Zeze und ich haben später noch oft über diesen Morgen und die Stunden danach gesprochen. Obwohl jeder von uns mit seinem Trip beschäftigt war, sind die Motive unserer Erinnerungen und Wahrnehmungen sehr ähnlich. Da ich wusste, dass wir zuallererst etwas essen und trinken mussten, um die Wirkung der Droge irgendwie einzudämmen, war unser erstes Ziel ein offenes 24-Stunden-Deli an der 8th Avenue. Der war in Wirklichkeit nur drei Blocks entfernt. Aber wie gesagt, wir waren nicht in dieser Realität. Ich erinnere mich, wie Ratten über meine Stiefel huschten und ein heruntergekommener Kleindealer seine Chance auf hilflose Opfer erkannte, er tänzelte um uns herum, zischelte »Free Samples« und ließ erst von uns ab, nachdem er gemerkt hatte, dass bei uns nichts zu holen war und er wohl besser einen Krankenwagen rufen sollte. Die Ratten allerdings verfolgten uns eine ganze Weile, sie schienen fast die Größe von Hunden zu haben. Unsere Paranoia führte dazu, dass wir dachten, ein Polizist hätte sich an unsere Fersen geheftet und käme immer näher. Erst als er uns passierte, während mein Herz noch stärker und panischer schlug als ohnehin, ich schon den Tränen nah war, weil wir niemals wieder in die USA reisen dürften, erkannten wir, dass es nur irgendein Handwerker im Blaumann war.

Dann die nächste Hürde: Wir mussten eine Straße überqueren. Auch grauenhaft. Aber um halbwegs voran- und irgendwann nach Hause zu kommen, konnten wir nicht ewig wie kaputte Roboter immer geradeaus laufen und mussten irgendwann natürlich die Straße überqueren. Und vor allem hatten wir nicht ewig Zeit. Wir mussten es zurück in die Gallery schaffen, bevor die ganze Stadt erwachte und Tausende Passanten auf der Straße uns mit ihren Blicken durchbohren würden. Diese Blicke sind in so einem Zustand so ziemlich das Schlimmste. In ihnen spiegelte sich die ganze Enttäuschung und Verachtung der Menschheit uns gegenüber. In Wahrheit gab es diese Blicke nur in unserem Kopf. Du willst dich für alles entschuldigen oder am besten flüchten. Wir warteten artig wie sonst nie darauf, dass die Ampel auf »Walk« umsprang. Die Straße, die wir endlich mutig überquerten, schien sich über den Globus zu spannen und war ganz gekrümmt, sodass es erst schwierig war, nicht abzurutschen. Und woher kamen die ganzen Autos, die in rasendem Tempo auf uns zuschossen?

Nachdem wir die Reise über die völlig unbefahrene Straße gemeistert hatten, musste unbedingt etwas zu trinken her, Essen war mit Kauen und Schlucken sowieso keine Option. Wir hatten es in den Deli bis zum Kühlschrank geschafft, als eine neue Welle uns ergriff und mein Arm sich auf eine Länge von bestimmt drei Metern ausdehnte, um an den Orangensaft zu kommen. Aber warum war der auch so unglaublich tief drin in diesem Schrank? Auch der Bezahlvorgang gestaltete sich aufwendiger als erwartet. Dazu muss man wissen, dass die meisten Delis, die 24 Stunden geöffnet sind, von Chinesen geführt wurden, die in puncto Arbeitswut und Fleiß alle anderen in den Schatten stellten. Sie galten aber auch als besonders clever und übertrieben geschäftstüchtig. Uns war mittlerweile bewusst, dass wir jetzt für alle in dieser Stadt leichte Opfer waren. So fing ich an, an der Kasse meine Geldscheine sehr genau zu studieren. Ich hielt die Dollarnoten gegen das Licht der Deckenlampe und dann ganz, ganz nah vor mein Gesicht, um zu erkennen, was für einen Schein ich in der Hand hatte, damit der argwöhnisch glotzende Mann hinter der Kasse uns nicht abzockte, nur weil ich einen Fünfzigdollarschein für eine Eindollarnote gehalten hatte. Nicht mit uns.

Im Nachhinein bin ich sehr froh, dass ich uns nicht dabei beobachten musste, wie wir uns auf der schwierigen und abenteuerlichen Wanderung nach Hause in den Schutz der Gallery durchgeschlagen haben. Peinlich!

Aber als wir in der Gallery waren, allein, alle anderen waren noch weg oder schon zur Arbeit gegangen, war zwar die Außenwelt mit ihrem Lärm ausgeschlossen, aber dafür nahmen die Wellen an schwindelnden außerkörperlichen Momenten zu. Ich wusste, ich komme irgendwie klar, ich komme immer klar, ich muss das nur aussitzen. Aber bei Zeze ging es fürchterlich zu. Nachdem ich erfahren hatte, dass er vier ganze LSD-Trips genommen hatte, fielen mir die ganzen Geschichten von irgendwelchen Hängengebliebenen ein, die nie wieder in unsere Realität zurückfanden. Diese zunehmende Sorge machte mich schlagartig klarer, und ich versuchte, Zeze irgendeine Nahrung und Getränke anzubieten, damit es ihm besser ging.

Sosehr ich Grenzmomente liebe, das hier schien über die Grenze zu gehen. Was, wenn er so bleibt? Was, wenn mein kleiner Bruder nicht mehr zurückkommt? Was, wenn er stirbt, weil ich als großer Bruder versagt habe und nicht aufgepasst habe? Plötzlich war mir New York egal, die Leichtigkeit, die Musik, der Rausch, das Sommerlicht draußen, wichtig war nur, dass mein lieber Bruder hierblieb und dass das alles endlich aufhörte. Mir wurde wieder klar, was für mich das Wichtigste ist und welche Bedeutung mein Bruder hier für mich hatte. Ich sehnte mich kurz nach Hause in die vielleicht langweilige, aber sichere Ordnung zurück. Aber ich sehnte mich nicht allzu lange, denn meine Gebete wurden erhört. Es ging alles gut.

WACHS

Ich weiß nicht mehr, wann meine Haut sich nicht mehr wie schmelzendes Wachs anfühlte, ich aufhörte, durch den Fußboden ins Erdreich der Galerie zu sacken, und meinen eigenen Wahrnehmungen wieder trauen konnte. Das Runterkommen verlief in Wellen. Immer wenn ich dachte, ich wäre wieder der Alte, doch dann schwappte erneut etwas über mich hinweg, was mich glauben ließ, aus dieser Scheiße niemals herauszukommen. Ich bekam Gänsehaut und wurde wieder malade im Kopf. Wotan ging es in etwa genauso. Wir lagen ausgestreckt auf dem Holzboden und kämpften mit unserem Zustand, glotzten uns an, fragten einander, ob alles klar sei. Aber nichts war klar.

So ging es gefühlt sehr lange, mein Zeitgefühl hatte ich in der Sound Factory abgelegt. Ein nicht enden wollendes Hin und Her. Immer wenn wir dachten, wir hätten den Punkt zurück ins Irdische gefunden, kam die nächste Welle. »Fuck!«, rief Wotan, und ich fühlte genau dasselbe.

Wotan fand die Tür zur realen Welt schließlich früher als ich, was ja bei der unterschiedlichen Dosis auch nicht verwunderlich war. Immerhin zwang er mich, irgendwas zu essen, damit ich wieder in Schwung kam. Das aber war nahezu unmöglich, denn ich hatte keinen Hunger. So träufelte er mir nur Wasser in den Mund und brachte mir Tee. Irgendwann halfen mir die Flüssigkeitszufuhr und Wotans rührende Hilfe und seine Liebe endlich. Der Boden schwankte nicht mehr, statt vor mir herumzutanzen, blieben die Wände, Möbel und Treppenstufen dort, wo sie hingehörten. Mein Körper fühlte sich wieder wie ein Zuhause an, nicht wie ein Irrgarten. Mein Hirn konnte klare Gedanken fassen, die Paranoia verflog. Als ich das erste Mal wieder die Mokotov Gallery verließ, fühlte ich mich, als hätte ich mit Ach und Krach eine lebensgefährliche Expedition überstanden.

Irgendwie war es ja auch so. Mein Bewusstsein hatte sich nach drei Tagen, in denen es durch die Untiefen seines eigenen Sumpfes getaucht war, wieder an die Oberfläche ins Hier und Jetzt vorgekämpft. Es hätte auch für immer versinken können. Das hätte bedeutet: Psychose. So viel wusste ich, auch ohne mich vorher ausführlich mit den Folgen und Wirkungsweisen psychedelischer Drogen beschäftigt zu haben. Geschichten über Leute, die auf LSD-Trips hängen geblieben waren, las man ja immer mal wieder irgendwo.

Aber ich hatte Glück. Glück, dass ich bei diesem Wahnsinnstrip meinen Bruder an meiner Seite hatte. Dass ich all das zusammen mit Wotan durchleben konnte, der mich sicher durch die Phasen der totalen Entrückung leitete. Ich hätte mir niemand anderen wünschen können, mit dem ich das hätte erleben wollen. Mein Bruder war mein Anker in diesem psychedelischen Sturm, zu Lande, zu Wasser und zur Luft. Die gemeinsame Erfahrung hat uns unverrückbar aneinandergeschweißt. Für immer. Diese gute und kostbare Lehre konnten wir wenigstens aus dieser Erfahrung ziehen und schworen uns daraufhin, von nun an immer aufeinander aufzupassen.

Jetzt, am Ende meines Trips, war es noch früh am Morgen, und die anderen schliefen noch. Während ich mich umsah und die inzwischen so vertraute Umgebung betrachtete, musste ich an den Tag nach der Welcome-Party denken. Da war ich auch vor allen anderen aufgestanden und rausgegangen. Es war sechs Wochen her. Mir allerdings erschien es wie ein halbes Leben, auch ohne die Zeit verzerrende Wirkung des LSD. So viel war seitdem passiert. Diese verrückte New Yorker Welt war zu einem Teil von mir geworden und ich zu einem Teil der Stadt. Während ich den Blick über den Müll, die Abrisshäuser und die Brandmauern schweifen ließ, spürte ich einen großen inneren Frieden in mir aufsteigen. Und große Dankbarkeit. Ich empfand es jetzt als Geschenk, die Welt pur, ohne Dämpfer, Verzerrer und Verstärker wahrnehmen zu können. Von meinen Indianerläufen als Kind bis zum Aufsaugen aller Eindrücke seit meiner Ankunft an der Grand Central Station war diese Fähigkeit stets mein treuer Begleiter gewesen. Ich hatte nie darüber nachgedacht, dass es möglich war, sie zu verlieren. Jetzt wusste ich es. In gewisser Weise war der Horrortrip damit nach der Scheidung meiner Eltern eine weitere, völlig andere Lektion in Sachen Endlichkeit. Was mich an eine Tatsache erinnerte, über die ich seit meiner Ankunft in der Mokotov-Welt noch nie nachgedacht hatte: dass auch dieser Urlaub endlich war. Unsere letzten zwei Wochen waren angebrochen.

Ich merkte, wie sehr mich der Austausch mit meinem Bruder bereicherte, weil wir uns ergänzten, jeder vom anderen etwas lernen konnte und er mich während dieser sechs Wochen nicht ein einziges Mal als kleinen Bruder behandelt hatte, sondern immer gleichwertig. Dass es einen Rausch auslösen kann, sich seinen Ängsten zu stellen, kannte ich vom Indianerlauf. Durch Wotan habe ich erkannt, dass das Unbekannte zwar manchmal eine Herausforderung darstellt, es sich aber lohnt, sie anzunehmen, anstatt davor wegzulaufen.

Doch bevor ich anfangen konnte, angesichts der dahin rasenden Zeit und der wertvollen vergeudeten Tage im LSD-Delirium melancholisch zu werden, klappte hinter mir die Stahltür auf, und Wotan trat aus der Gallery. Er stutzte und sah mir prüfend ins Gesicht, sein Blick zeigte eine Sorge, die ich bei ihm noch nie wahrgenommen hatte. Ich sah wortlos zurück. Ohne zu zappeln. Ohne seinem Blick auszuweichen. Da verstand er, dass ich wieder okay war. Er fing an, bis über beide Ohren zu grinsen, legte mir den Arm um die Schulter und sagte: »Komm, wir gehen frühstücken.« Der Alltag hatte uns wieder.

Der erste war auch mein letzter LSD-Trip. Ich ließ fortan die Finger von dem Zeug, weil ich erkannt und beschlossen hatte, dass ich sie nicht brauchte, um frei zu sein. Wenn die anderen LSD schmissen, kiffte ich lieber. Oder ich trank Cocktails. Die hatte ich für mich entdeckt, nachdem das Time Café zu unserer

Quelle für Freigetränke geworden war. Sex on the Beach war damals sehr angesagt, und wenn es ein bisschen mehr scheppern sollte, gab es Long Island Ice Tea. Da war ich nach einem Glas bedient und für den Rest des Abends angeheitert. Damit fuhr ich gut.

Es ist trotzdem nicht meine Absicht, den Horrortrip zum Anti-Drogen-Gleichnis hochzustilisieren. Dafür taugt er schon deshalb nicht, weil er ein erstes Mal mit einer Substanzmenge verschränkte, die selbst für Acid-Kenner eine Überdosis gewesen wäre. Ich wurde durch den Vorfall also nicht zum Drogengegner. Eher rekapitulierte ich die ungewöhnlichen Eindrücke, die ich während meiner Stunden als Luchs (denn genauso fühlte ich mich, was die Wahrnehmung von Licht und Geräuschen der Großstadt anging) aufgenommen hatte. Auf dem Weg von der Sound Factory zurück nach Alphabet City hatte ich mich wie ein übersensibles Tier gefühlt, das in ein lautes, grollendes, feindliches Umfeld geraten war, in dem ihm alles und jeder nach dem Leben trachtete. Für einen Instinktmenschen wie mich eine sehr interessante, wenn auch anstrengende Erfahrung. Ich kann nicht dankbar genug dafür sein, dass mir mein Bruder während dieser Zeit Rückhalt gab und Geborgenheit vermittelte. Das ist ja wahrscheinlich sowieso die wichtigste Grundregel für den Konsum von Drogen, dass man sie zumindest anfangs in einem vertrauten, wohlwollenden Umfeld ausprobiert. Der Rest hat viel mit jenem Ausmaß innerer Freiheit zu tun, von dem Wotan bereits sprach.

SAVE THE ROBOTS

Eigentlich total bescheuert, dass wir den Laden jetzt erst entdeckten. Er lag direkt in der Nachbarschaft, nur sechs Blöcke von der Mokotov Gallery entfernt an der Avenue B. Das Save the Robots war ein kleiner, illegaler After-Hour-Club, den uns der immer noch bizarr auf uns wirkende Michael Alig empfohlen hatte. Er war feiertechnisch unsere letzte große Entdeckung des Sommers. Wotan hatte eine Affäre mit Pia, die dort an der Bar arbeitete (und immer eine Perücke trug, damit sie nicht bei ihrer unangemeldeten Arbeit erkannt wurde).

Es war toll dort. Sehr laut, sehr dunkel, sehr Underground. Der Club ging über zwei Ebenen. Im Keller war der Dancefloor, wo New Yorker House-Pioniere wie Joeski, Keoki und Christian Bruna auflegten. Den Club mit dem Sandboden im Barbereich empfanden wir beide schnell als einen der besten der Stadt. Im Erdgeschoss die Bar, deren Boden komplett mit Sand ausgeschüttet war. Den Sand fand ich beim ersten Besuch ziemlich originell. Dass er auch eine wichtige Funktion erfüllte, erlebte ich erst anderthalb Jahre später. Weil der Club illegal war, hatte er natürlich keine Schanklizenz. So gab es an der Bar offiziell keinen Alkohol, sondern nur Säfte und Soda. Es wurde trotzdem Wodka ausgeschenkt, der sah auf den ersten Blick schließlich auch aus wie Soda. Der Unauffälligkeit halber wurde er nicht aus Flaschen, sondern aus Spritzpistolen in die Gläser gefüllt. Für mich hätte das Ganze damals in die Hose gehen können, denn grundsätzlich waren Zutritt und Alkoholkonsum in den USA erst ab 21 Jahren erlaubt. Wie gesagt, ich hatte Glück. Oder ein sehr, sehr gnädiges Schicksal. In jedem Fall aber perfektes Timing.

Im Oktober 1992, als Wotan und ich das dritte Mal in New York waren, stand mein 21. Geburtstag an. Wir hatten mit der Mokotov-Familie erst reingefeiert, waren dann irgendwo in einem Club gewesen, um schließlich gegen fünf Uhr morgens beim Save the Robots an der Avenue B aufzuschlagen. Wotan und ich waren erstaunt, dass es den Club überhaupt noch gab, denn normalerweise halten sich illegale Läden nur kurz. Zur Feier des Tages ging Andrea kurz nach unserer Ankunft noch bei der Hausdealerin einkaufen. Sie war sozusagen der Cowboy des Save the Robots, eine richtige Lady mit markantem Bob-Haarschnitt, einem grünen Ledermantel und dazu passender Handtasche, in der sie ihre Ware mit sich rumtrug. Sie thronte an der Bar und empfing ihre Kunden. Andrea kaufte bei ihr etwas Koks, ein paar Pillen und etwas Gras, damit alle auf ihre Kosten kämen. Und weil er eine Hose ohne Taschen trug, fragte er mich, ob ich darauf aufpassen könnte. Aber es kam an diesem Abend alles ein bisschen anders. Anfangs war es wie immer, ein fröhliches Hin und Her zwischen Dancefloor und Bar, Wodka-O und Wodka-Soda, Arms Up und Push down. Plötzlich schrie jemand laut »Cops, the Cops!«, und wie ein Lauffeuer verbreitete sich die Nachricht von Gast zu Gast. Eine Armada Polizisten stürmte den Club, die Musik ging aus, das Licht an, große Hektik machte sich breit, alle mussten raus und sich ausweisen. So auch Wotan und ich, die in der Schlange Richtung Ausgang hintereinanderstanden. Wir schauten uns an, und unsere Blicke sagten »Scheiße ...«. Die Cops leuchteten jedem mit der Taschenlampe unbarmherzig ins Gesicht. Während wir dort standen, beobachtete ich, wie alle ihre Drogen und sonstigen illegalen Utensilien schnell und unauffällig auf den Sandboden warfen und dort mit den Füßen verscharrten. So waren Päckchen und Pillen nicht mehr zuzuordnen, womit mir auch die Funktion des Sandbodens klar wurde. Auch die Gläser wurden schnell noch geext, um keine Spuren von Alkohol zu hinterlassen, während die Barleute den Wodka in den Abfluss kippten.

Dass auch Andreas Einkäufe diesen Weg nahmen, muss ich wohl kaum dazusagen. Als ich das Zeug unter meinen Schuhsohlen begrub, ärgerte ich mich trotzdem ein bisschen, des Geldes und Spaßes wegen. Als wir fast an der Reihe für die Kontrolle waren, sah ich hinter Wotan Cops, die mit Harken bewaffnet den Sandboden durchkämmten und dabei ein buntes und beeindruckendes Arsenal an Drogen zutage förderten. Allerdings war das meine geringste Sorge, denn ich war als Nächster mit der Personenkontrolle dran, die draußen vor der Tür stattfand. Mir ging die Pumpe, und als ich Wotan ansah, sah ich, dass es ihm nicht anders ging.

Ich musste meine Hosentaschen präsentieren, die zum Glück leer waren, durfte dann stolz meinen Ausweis vorzeigen. Diesmal und erstmals meinen echten und keine Fake-ID aus Chinatown, schließlich war ich ja seit sechseinhalb Stunden 21 Jahre alt und damit legal unterwegs. Als ich mich zu Wotan umdrehte, der als Nächster kontrolliert wurde, sah ich, wie im Hintergrund weiter fleißig geharkt wurde, während sich der Asservatenbeutel stetig füllte. Wenn der Sand eine clevere Vertuschungsmaßnahme war, waren die Harken eine noch cleverere Methode, sie wirkungslos zu machen. Als Wotans Kontrolle vorbei war, blickten wir uns an. Unser Puls raste. Unsere erste Razzia. Was hatten wir doch für ein Glück.

Es gab an diesem Morgen nur eine Person, die nicht um ihre Drogenvorräte gebracht wurde, und zwar ausgerechnet die, die sie verkauft hat: die Dealerin. Sie hielt den Beamten nach der Ausweiskontrolle eiskalt ihre Handtasche entgegen, sagte demonstrativ gelangweilt »Do you wanna check my underwear too?«, woraufhin der Cop sie nur genervt durchwinkte. Und die Frau mit dem grünen Mantel ging voller Stolz und Grazie ihres Weges. Mit ihrer Handtasche voller Drogen am Handgelenk. Wotan und ich starrten uns nur ungläubig an. So viel Kaltschnäuzigkeit muss man erst einmal haben. Wir waren ja schon aufgeregt, aber wie muss sie sich wohl erst gefühlt haben? Damit war die Nacht natürlich gelaufen. Wir waren froh, sie zusammen durchgestanden zu haben. Das erste Mal gebusted.

Gemeinsam. Wieder einmal. Auf dem Nachhauseweg redeten wir viel darüber und malten uns aus, was die Konsequenzen hätten sein können. In unsere Lieblingsstadt nicht mehr einreisen zu dürfen, wäre die größte aller Strafen gewesen.

WALK II

Im Moment sein! Jetzt! Sich nicht drücken, Wünsche und Träume nicht vor sich herschieben und sich nicht mit einem »bald« oder »später« belügen. Oder nur von der Vergangenheit leben, die nicht der Ort ist, an dem Leben stattfindet. Vielmehr das trostlose Jetzt bis zur letzten Sekunde, bevor es zur Vergangenheit wird, auskosten. Das ist für mich Ausdruck von Lebensfreude. So versuche ich auch, alle meine Reisen bis zur letzten Minute zu genießen. In New York ging ich irgendwann so weit, dass ich mein Reisegepäck mit in den Club nahm, bis zum finalen Augenblick feierte und tanzte und direkt von der Tanzfläche ins Taxi Richtung Flughafen stieg. Das führte dazu, dass die Fallhöhe zwischen Bleiben und Gehen maximal hoch war, aber diese Grenzmomente sind es ja, die ich liebe, auch wenn ich in dem Fall darunter litt.

Auch in den letzten Wochen unseres ersten New-York-Trips verschwendeten Zeze und ich keinen Gedanken daran, dass wir bald abreisen und das alles hier zurücklassen würden. Wir erhöhten unser Tempo, zogen noch rastloser durch die Stadt als vorher. Hinzu kamen immer mehr Bekanntschaften und Freunde, die besucht, getroffen werden wollten. Pia aus dem Save the Robots sahen wir zum Kaffee, Joanne, eine großartig erfolgreiche Malerin aus Kanada, mit der ich tatsächlich so etwas wie eine Liebesbeziehung hatte, besuchten wir in ihrem Atelier in der Lafayette-Street, wir kauften bei Eugene, einem Schmuckdesigner, Halsketten und Ringe, die ich anfangs noch jeden Tag voller Stolz trug, als wir zurück in Deutschland waren, aber dann nach und nach ablegte. Sie passten dort nicht hin. Genau wie Eugene gehörten sie nur zu meinem New York.

DON'T WALK II

New York Anfang der Neunziger. Da gab es nicht nur House, Vogue und Club-Kids, sondern auch einen neuen Sporttrend, der in Deutschland, wie ja eigentlich alle Trends des Prä-Internet-Zeitalters, erst ein paar Jahre später ankam: Inlineskating. Windschnittige Skate-Kuriere waren damals im Stadtbild überall präsent. Mich faszinierte immer, mit welcher Leichtigkeit sie zwischen den Kolonnen von Taxis und fetten US-Schlitten herumsausten, jeden Stau umfuhren und den Verkehrsinfarkt, unter dem die Stadt zur Rushhour litt, überlisteten. Es kam, was kommen musste, inspiriert von der sportlichen Eleganz der Skater, sprangen auch Wotan und ich auf den Trend auf. Als wir von der ewigen Latscherei irgendwann doch mal die Schnauze voll hatten, kauften wir in einem Ramschladen an der 46. Straße, die damals eine total abgewrackte Gegend war, zwei Paar billige Inliner. Sie wurden sofort angezogen. Eine Premiere, ich hatte noch nie auf solchen Dingern gestanden. Danach ging es ab auf den Broadway und ... Um ehrlich zu sein, waren wir wohl eher ein weiteres Hindernis im Verkehr, anstatt ihn zu überlisten. Während die echten Kuriere mit gefühlten 200 Stundenkilometern an uns vorbeipreschten, schoben wir uns mit unseren schwergängigen Billigrollern zwischen den Autos durch, stießen uns an den Dächern der Taxis ab und krachten dank fehlender Federung in jedes Schlagloch. Sportlich elegant ging anders. Ich bin trotzdem der Meinung, dass wir mit den Dingern einmal fast bis nach Harlem hochgefahren sind. Wotan bestreitet das. Als ich ihn auf unsere Ausflüge ansprach, hatte er für die Inliner nur einen Kommentar übrig: »Total scheiße. Nur witzig.« Er hat recht.

STRAIGHT TALK

Die Gespräche, die Zeze und ich miteinander führten, sind mir auch deshalb so wertvoll in Erinnerung, weil sie eine Tiefe besaßen, die wir mit Amerikanern nie erreichten. Auch wenn unser Englisch immer besser wurde, fehlte uns für eine nuancenreichere Sprache und philosophische Unterhaltungen der Wortschatz. Wie wir lernten, unterscheidet sich die deutsche Ironie von der amerikanischen. Mit spontanen Wortspielen ernteten wir statt eines Lachers meist nur ein höfliches Kopfnicken, was in der Regel bedeutete, dass die Message oder der Witz überhaupt nicht angekommen war. Slang ging sowieso in die Hose. Mir, dem solche Formulierungen gefallen, fehlt einfach der sprachliche Hintergrund. Ich hängte zum Beispiel immer ein »you know« ans Ende meiner Sätze, weil ich dachte, das wäre umgangssprachlich und cool. Bis Carlton mich irgendwann lächelnd und vorsichtig darauf hinwies, dass ein ständiges »you know« in den USA ein Hinweis darauf ist, dass du dich nicht auszudrücken weißt und nicht der Allerhellste bist. Und dass das ja gar nicht zu mir passen würde. Das Gleiche galt für »What's up?«. Andrea signalisierte mir einmal durch die Blume, dass die Frage nicht der intelligenteste Gesprächsauftakt war, indem er leicht schnippisch erwiderte: »Things taller than you.« Wenn durch Alkohol die Zunge lockerer wurde und das Amerikanisch plötzlich in großen cleveren und blumigen Monologen sprudelte, war das unsere subjektive Wahrnehmung. Wahrscheinlich können wir froh sein, uns dabei nicht selbst zugehört zu haben, you know!

SMALL TALK

Angenehm in New York war, dass meine sprachlichen Defizite mir schnell egal wurden. Wegen der hohen Einwandererdichte sprachen ja sowieso die wenigsten Leute perfektes Englisch. Das machte es leicht, die Scheu vor dem Sprechen zu überwinden. Auch Carlton, Andrea und natürlich mein Bruder machten es mir leicht, indem sie mir das gute Gefühl gaben, nicht fehlerlos sprechen zu müssen. So wurde ich nicht nur mutiger, sondern auch besser. Darüber hinaus hatte der Mangel an Tiefgründigkeit innerhalb mancher Gespräche sicher auch mit der amerikanischen Small-Talk-Kultur zu tun, die oft darin bestand, gut gelaunt alles zu bejahen, was einen nicht interessierte. »How're you doing?« war für mich der Inbegriff dieser hohlen Freundlichkeit. Bei der Frage machte ich anfangs zwei, drei Mal den Fehler, ernsthaft zu erzählen, wie es mir ging, zum Beispiel, dass ich müde war. Durch die irritierten Reaktionen begriff ich allerdings schnell, dass es in den USA erstens nicht üblich war, sich negativ zu äußern, und man zweitens gegenüber oberflächlichen Bekanntschaften keine Schwächen zeigte.

Ein weiteres beliebtes Small-Talk-Ritual der Amerikaner war, sich von uns Deutsch beibringen zu lassen, um es dann maximal talentfrei nachzuplappern. Ich werde nie vergessen, wie einmal eine Drag Queen im Leopardenlackkleid bei einer Privatparty auf einer Dachterrasse in Chelsea aufschnappte, wie Wotan zu mir sagte: »Deine Kunst kannst du dir in die Karfte stecken.« Die Bemerkung bezog sich auf ein Fantasiegebilde, das ich bekifft aus einer Serviette gefaltet und ihm im Spaß als Kunst präsentiert hatte. Das Leoparden-Vollweib sah uns groß an, riss den Mund dramatisch auf und schrie über die ganze Terrasse: »Kounsd 'n Carfte! Kounsd 'n Carfte!« Wieder so ein geflügeltes Wort. Wobei wir uns nie sicher sind, ob es das deutsche Wort »Karfte« überhaupt gibt oder es nur eine Möhring-Wortschöpfung ist.

MAIL

Wenn ich heute als Vater von drei Kindern darüber nachdenke, wie lange unsere Eltern damals während Reisen wie dieser nichts von mir hörten, staune ich einmal mehr über ihr Vertrauen, ihren Glauben an mich und bewundere ihre Langmut. Wir waren ja nicht erreichbar, nicht per Mail, Handy oder sonst wo. Wir waren so richtig weg. Klar, nach der Ankunft rief ich regelmäßig einmal kurz in Herne an und gab durch, dass ich gut gelandet war. Danach aber meldete ich mich meist wochenlang nicht. Wie denn auch? Besonders für meine Mutter, die sich immer ein wenig mehr Sorgen machte, war das bestimmt hart. Trotzdem ließ sie es sich nicht anmerken und nahm es sogar mit Galgenhumor: »Wenn ich lange nichts von dir höre, weiß ich, dass es dir gut geht.« Weil es damals das Internet nicht gab, schrieb ich lange Briefe. Auf dünnem, pergamentenem, rot-blau gestreiftem Luftpostpapier. Einmal angefangen, verfasste ich ausführliche Reiseberichte, die gefühlt ewig lange unterwegs waren und trotz des Vermerks »Via Airmail« die Adressaten manchmal erst erreichten, wenn ich schon wieder auf der Rückreise nach Deutschland war. Ich erinnere mich auch gut, wie ich einen Brief an meine Eltern begann, als Zeze von seinem Trip einfach nicht runterkam. Ich versuchte darin, die kritische Lage zu schildern, schrieb, dass es mir leidtat und ich mich schuldig fühlte, nicht genug aufgepasst zu haben. Plötzlich war Zeze doch wieder der kleine Bruder, und ich hatte dabei versagt, ihn zu schützen. Zum Glück musste ich ihn nicht abschicken. Alle anderen Briefe habe ich aufgehoben, diesen nicht!

C-A-L-L

Das Telefonieren war für uns damals nicht ganz so einfach. Zumindest, was Long-distance Calls betraf. Die meisten Leitungen waren dafür nicht freigeschaltet, so auch bei Carlton und Holger.

Die typisch amerikanischen Telefonsäulen konnten das zwar auch nicht, aber wir nutzten sie trotzdem häufig, um Verabredungen zu machen oder bei Andrea nachzufragen, wo er schon wieder bleibt. Allerdings musste man immer einen Sack Münzen mit sich rumschleppen, was uns nervte, also besorgten wir uns Coin Replacement Cards, Telefonkarten. Fand ich damals supermodern.

Das Beste aber war das Operator-System. Drückten wir die Raute, meldete sich immer eine Dame mit »AT&T, how can I help you?«, und schon konnte man zum Beispiel mittels eines R-Gesprächs umsonst telefonieren. Vorausgesetzt, der Empfänger stimmte zu, die Kosten zu übernehmen. Was mal klappte und mal nicht, uns aber immer souverän vorkam.

Auch das Geheimnis der kostenlosen Toll-Free-Nummern und Phonewords à la 1-800-F-L-O-W-E-R-S, die uns lange ein Rätsel waren, lüftete sich irgendwann. Dass die Zahlentasten am Telefon auch für Buchstaben stehen konnten, hatten wir im Deutschland des Prä-Handy-Zeitalters noch nicht mitbekommen. Das Retro von heute war in den Nineties noch die Zukunft.

UPTOWN

Wie gesagt, Uptown war für uns unerschwinglich. Es herrschte dort nicht die urbane Geborgenheit des Village, vor allem aber war es für uns: uninteressant. Klar, da waren die Besuche in der Oper im Lincoln Center, und zu den »Pay What You Wish«-Tagen im Guggenheim und Metropolitan Museum of Art ging ich selbstverständlich auch. Der einzige Ort, der mich in Uptown immer wieder anzog, war der Central Park, diese Oase inmitten einer Steinwüste, umzingelt von unbezahlbaren Hochhäusern. Die einzige Grünfläche New Yorks, die die Bezeichnung »Park« wirklich verdiente, denn der Washington Square Park war ein Triumphbogen mit einigen Bäumen drum herum, der Union Square ein besserer Marktplatz, der Tompkins Square Park so klein, dass die Sonne den bröckeligen Teer dort kaum erreichte. Im Central Park dagegen konntest du atmen, rennen, den Blick tatsächlich über Grünes schweifen lassen, mal Felder, mal Bäume, mal verwunschene Pfade. Es galt, sich an einer ganz genauen Stelle zu verabreden, sonst war man verloren. Nie zuvor hatte ich einen Park gesehen, durch den Autostraßen hindurchführten, der gleichzeitig Wald-, Feld-, Seen- und Felsenlandschaft war. Ich bewundere bis heute, dass es gelungen ist, auf der Halbinsel Manhattan, wo Platz knapp ist und Häuser nicht ohne Grund in die Höhe gebaut werden, eine 345 Hektar große Fläche über Jahrzehnte gegen Bebauungspläne zu verteidigen. Ein wenig fühlte ich mich in diesem Park an die andere Freiheit erinnert, die mich in Deutschland immer nach draußen an die Luft, in den Wald treibt. Und dann dachte ich an die Momente, wo ich mir ausgemalt hatte, nach New York zu reisen, mit all meinen Erwartungen, und nun war ich hier. Eine weitere Freiheit hatte sich in mir manifestiert. Dass ich keinem etwas schulde, wenn ich mache, was ich mache, und vielleicht sogar, dass nur diese Freiheit dich dahin führt, was du sein kannst: alles!

DOWNTOWN

New Yorker zelebrierten die Kluft zwischen der maroden Downtown und der schicken Uptown. Also auch wir. Wie sehr das Uptown-Vorurteil vom Getto der Reichen zutraf, zeigte mir aber erst ein Vorfall, der mich unerwartet mit den harten gesellschaftlichen Schranken New Yorks konfrontierte. Im Time Café kam ich mit einem Berliner ins Gespräch, der Spross einer Bauunternehmerfamilie war. Er lud mich zu einer Rooftop-Party ein und gab mir seine Anschrift weiter. Als Carlton feststellte, dass es sich um eine Adresse an der Upper East Side handelte, wurden wir neugierig. Eine Rich-People-Party auf einer Dachterrasse mit Blick auf den Central Park? Da mussten wir hin. Am entsprechenden Tag putzten wir uns raus und fuhren zur Upper East Side. Wir kamen an ein gediegenes Gebäude im Art-déco-Stil und klingelten.

Der Typ aus dem Time Café machte auf. Er begrüßte mich, zog mich in den Flur und schlug direkt die Tür hinter mir zu.

Das ging etwas zu schnell. »'tschuldigung, meine Freunde müssen noch mit rein«, sagte ich.

»Geht leider nicht«, lautete die Antwort.

»Wieso das?« – »Na, weil hier keine Schwarzen reinkommen.«

Bitte, was? Am liebsten hätte ich dem Typen eine verpasst, aber Carlton hielt mich davon ab, und wir gingen laut fluchend wieder.

Carlton bewies mal wieder seine grenzenlose Leidensfähigkeit, indem er mich beruhigte und meinte, ich könnte doch trotzdem auf die Party gehen. Derjenige, der diskriminiert worden war, beruhigte meine Wut über die rassistische Diskriminierung. Verkehrte Welt. Aber es ließ tief blicken. Danach schätzte ich die multikulturelle Vielfalt Downtowns noch mehr als vorher.

VERNISSAGE

New York ist natürlich auch für die Künste der Olymp. Wenn du hier gefeiert wirst, egal ob an der Oper, im Theater oder als bildender Künstler, dann hast du es geschafft. New York ist Warhol, Hopper und die ganze Pop-Art, deren Ruf seit Generationen Künstler und solche, die es sein wollen, in die Stadt lockt. Und sei es nur, weil sie sich, wie Holger, selbst als Avantgarde fühlen wollen. Holger, mit dem wir deutlich weniger Zeit verbrachten als mit Carlton, schleppte uns einige Male auf Vernissagen. Nicht wegen der Kunst, sondern wegen der Gratisdrinks und dem Fingerfood. Umsonst wirkte auf Holger immer wie ein Magnet. Vor allem konnte man sich dort selbst wie ein Künstler fühlen, ohne selbst einen Finger zu rühren. Ich glaube, Holger hat nie in seinem Leben selbst einen Pinsel oder einen Stift in der Hand gehalten. Die gemogelte Kunstmappe war seinerzeit einfach nur sein Ticket nach New York City. Jeder hat einen eigenen Weg in diese Stadt. Für jeden bedeutet sie etwas anderes. Aber anders als zum Beispiel in Berlin ist es selten eine Hassliebe. Keiner beschwert sich und will weg aus dieser Stadt. Jeder Tag, den man bleibt, ist ein Stärkebeweis, ein Sieg für die eigenen Träume. So kämpfen sogar in ihrer Heimat gefeierte Künstler täglich um das Bestehen in New York. So erging es zum Beispiel Joanne Corno aus Kanada mit ihrer tollen Energie, mit der ich gerne Zeit verbrachte, weil mit ihr auch tiefergehende Gespräche möglich waren. Ebenso erging es Karin Kohlberg aus Hamburg.

FINISSAGE

Gefühlt habe ich in den ganzen acht Wochen nicht einmal gezaudert oder mir über irgendetwas den Kopf zerbrochen. Das finde ich immer noch bemerkenswert, weil es, anders als bei Wotan, eigentlich nicht meine Art ist. Doch offenbar passierte hier einfach alles zum richtigen Zeitpunkt am richtigen Ort.

Was sicher auch und besonders an meinem Bruder und seiner Anwesenheit lag. Trotzdem frage ich mich manchmal, warum das Hektische, Fordernde, Stinkende, Überfüllte und Laute, das das damalige New York ohne Frage hatte, mich nie stresste. Vielleicht hat es astronomische Gründe. Wotan fand irgendwann heraus, dass New York angeblich eine Zwillings-Stadt sei. Das heißt, dass Menschen mit Sternzeichen Zwilling, zu denen er gehört, sich dort automatisch wohlfühlen, weil das Sternbild Zwilling ein Luftzeichen ist, während auch New York eine Luftstadt ist. Sie sind quasi füreinander geschaffen. Ich nahm das zur Kenntnis, ohne viel damit anfangen zu können. Dann stolperte ich irgendwann darüber, dass mein eigenes Sternzeichen, Waage, ebenfalls ein Luftzeichen ist. Luftnummer oder Wink des Himmels? Who knows? Aber jedenfalls stimmt es, dass auch ich nach dem kurzen Anflug von Melancholie am Morgen nach dem Trip nicht mehr darüber nachdachte, dass wir bald Abschied nehmen mussten. Die Mittwochnacht vor unserer Abreise verstrich, ohne dass ich mir klarmachte, dass dies der vorerst letzte Limelight-Besuch in der Disco 2000 war. Mein letztes Stück Sicilian Slice am Tompkins Square aß ich, ohne jeden Bissen bewusst zu genießen. Bei unseren letzten Shoppingrunden kauften wir CDs, ohne darüber nachzudenken, dass sie eigentlich nur überflüssiger Ballast fürs Gepäck waren. Es gab kein Zaudern und Kopfzerbrechen in der Luftstadt. Dafür gab's zum Schluss ein paar Lachflashs.

MESS

Es muss dieses berühmte Paul-Simon-Konzert im August 1991 im Central Park gewesen sein. Manche Künstler hatten es irgendwie drauf, vor einem ständig wechselnden Publikum aufzutreten, und das nicht für Geld, sondern tatsächlich nur zur Freude des Publikums. Ich weiß nicht, wann Carlton, Zeze und ich an diesem späten Nachmittag in den Park gegangen waren. Wir hatten nur aus der Ferne Musik gehört und hatten uns spontan auf den Weg gemacht.

Und sind das wirklich wir auf den Fotos, mit denen Zeze während der Arbeit an diesem Buch unsere Erinnerungen auffrischte? Und warum gab es ausgerechnet von diesem Abend so viele Fotos und von der Woche zuvor kein einziges? Und wer kam überhaupt auf die bescheuerte Idee, eine dieser Einwegkameras mitzunehmen? Aber abgesehen von den erklärungsbedürftigen Fotos ist dieser Abend als Inbegriff von Rausch in die Annalen dieses Sommers eingegangen. Waren wir vorher careless, waren wir da carefree oder einfach nur free! Da haben wir uns ausgelebt und leer gelacht, und am Ende stand eine innere Verbundenheit, die noch immer anhält, auch mit Carlton. Dass ich selbst immer und in jedem Moment übertreiben musste, brauche ich wohl nicht zu erwähnen. Ohne Carlton und Zeze, die lachend meine Verrücktheit begleiteten, wäre ich auf der Suche nach der nächsten Grenze bestimmt irgendwann von den Cops eingefangen worden. Noch heute haben wir beide ein breites Grinsen im Gesicht, wenn wir uns daran erinnern. Irgendwann, bevor meine Kinder groß sind, muss ich noch die Negative entsorgen.

Paul Simons Musik (es gibt ein Livealbum von diesem Konzert, auf dem man mich eigentlich hören müsste) hatte mit unserer Ausgelassenheit an diesem Abend allerdings nichts zu tun. Eher schon das Colt, ein typisch amerikanisches Bier, das man zwar trinken kann, aber höchstens beschwipst wird. Dachte ich zumindest bis zu diesem Abend. Vielleicht war doch mehr Alkohol drin, oder es war die Mischung aus kindlicher Freude bei meinem Freund Carlton und Zeze, der da schon viel mehr war als mein kleiner Bruder, an meiner Seite, die uns berauschte. Da ich auch diese meine absolute Lieblingsstadt, die mir, anders als Berlin, ständig Energie gibt, andauernd Energie gibt, anstatt sie zu nehmen, fühlten wir, dass wir waren, wo wir hingehörten, und dass einfach alles gut war. An keine Zeit danach denke ich mit so großer Freude zurück. Selten war ich so in einem Moment und dabei so glücklich und völlig zufrieden. Und wahrscheinlich auch völlig besoffen.

In diesem Sommer fand mit Zeze und mir eine Verwandlung statt, sowohl als Personen und Brüder, unsere Beziehung bekam eine neue, große Bedeutung und Dimension. Haben wir das erreicht, weil wir uns in den acht Wochen beide ein Stück weit aus uns selbst heraus- und dadurch aufeinander zubewegt haben? Oder brauchten wir erst den Abstand zur Welt unserer gemeinsamen Herkunft, um zu uns selbst und damit zueinanderzufinden, ähnlich wie Carlton und Andrea erst durch den Weggang aus North Carolina wirklich sie selbst hatten werden können? Oder haben wir nur gelernt, den Blickwinkel auf den anderen zu verändern, und ihn besser zu verstehen? Oder war es das freie Umfeld der Mokotov-Familie, das uns den Teppich zueinander ausrollte? Wahrscheinlich war es von allem etwas und in dem Sinne eine Fügung des Schicksals. Die Erkenntnis, wie wertvoll die freie Sicht auf manches sein kann, ohne sich selbst dabei im Weg zu stehen, habe ich mitgenommen aus New York.

Wer ständig Angst hat, etwas falsch zu machen, macht irgendwann gar nichts mehr. Und wer auf den Moment wartet, in dem er alles richtig macht, wartet, bis alle Momente vergangen sind. Leben heißt etwas wagen, sich trauen und überwinden, loslaufen. Vorwärtskommen. Auch mal auf die Schnauze fallen. Sich verlaufen. Verlieren. Gerade in den Momenten der Schwächen und Peinlichkeiten das Ego ablegen. Es sind diese Erfahrungen, die sich einbrennen, und jede davon wird zu einem weiteren Schritt auf deinem Weg. Schöne Erinnerungen bleiben zwar schöne Bilder, aber sie tragen nie die Kraft der Veränderung in sich.

Als wir Stunden später nach unserer Odyssee durch die Stadt vor der Mokotov Gallery standen, sagte Carlton zu mir: »Ich hab was für dich«, zog ein rechteckiges Kästchen aus seiner Hosentasche und legte es mir in die Hand. Es war ein Mixtape, auf das er alle Songs, die für uns der Soundtrack dieses Sommers gewesen waren, überspielt hatte, von »Gipsy Woman« bis zum »Whistle Song«. Auf der Inlay-Pappe, die er liebevoll beschriftet hatte, stand in großen Buchstaben der Titel der Compilation: »You're a Mess!« Ich wusste, das war eine Liebeserklärung, und zwar eine, die ich erwidern konnte. Ich nahm Carlton fest und lange in den Arm, wir beide hatten dabei Tränen in den Augen. Eine große warme Liebe durchströmte mich, und ich glaube, ihn auch.

Ich wollte diese Momente für immer festhalten.

»Warum kann es nicht für immer so bleiben wie jetzt?«, meinte mein Bruder.

»Weil das nicht geht«, antwortete ich.

»Ich kann mir überhaupt nicht vorstellen, dass zu Hause jetzt alles so weitergeht wie vorher.«

»Muss es ja auch nicht. Du kannst ja zu mir nach Berlin ziehen.«

»Ja, das mache ich«, meinte er dankbar, stemmte sich vom Sofa hoch, sah mich ernst an und hielt mir die Hand hin. »Abgemacht, okay?«

Jetzt stand Zeze vor mir, hier in diesem großen Raum, der für uns zu einem Zuhause geworden war, wo wir gelacht, gekifft hatten und unglaublich albern gewesen waren, und wo er mir einmal drohte davonzugleiten, weil ich nicht aufgepasst hatte. Ich sah ihn an und sah nicht nur den Bruder, nicht nur den Freund, sondern den Menschen, mit dem ich alles, was in diesem Sommer passiert war, für immer teilen würde. Ich räusperte mich, nahm seine Hand fest in meine und antwortete: »Abgemacht.« Wir nahmen uns beide in den Arm und dachten dasselbe.

RAUSCH & FREIHEIT

ABWARTEN

Als ich nach zwölf Wochen aus der Heimat des Hip-Hop zurück nach Hause kam, war ich nicht mehr MC Crown, und ich glaube, ein paar meiner alten Homies waren ein bisschen enttäuscht. Ich konnte zwar mit neuen Sneakern, Sweatshirts und T-Shirts punkten, aber statt von krassen Hip-Hop-Partys schwärmte ich von den Tempeln elektronischer Musik, in denen ich gewesen war.

Ich hatte mir zwar unendlich viele Hip-Hop-CDs aus den USA mitgebracht, aber die wahren Schätze waren die Kassetten von DJs mit der House-Musik der Nächte, die uns damals tanzen ließen.

Meine kritischen Äußerungen über die rassistischen Konnotationen des Sprechs vieler Hip-Hop-Künstler gaben meinen Freunden nach einiger Zeit aber genauso zu denken wie mir, als Andrea mich an meinem ersten Mokotov-Abend über die fragwürdigen Standpunkte von einigen Rappern aufgeklärt hatte.

Wenngleich ich die Liebe zum Hip-Hop nie ablegte, war ich jetzt eben in der Lage, diesen differenzierter zu betrachten. Für meine Herner Freunde waren die neuen Töne eine Überraschung. Sie waren nicht das, was sie erwartet hatten. Und wohl auch nicht das, was sie hören wollten.

Gemessen an der Menge der neuen Erfahrungen, die ich in New York zusammen mit meinem Bruder gesammelt hatte, erzählte ich letztlich aber gar nicht übermäßig viel von der Reise. Das hatte teilweise mit den Reaktionen, teilweise mit meinen eigenen Skrupeln zu tun – wobei das eine das andere bedingte. Ich merkte schnell, dass Mitschüler meine Erzählungen als angeberisch empfanden, auch wenn ich sie gar nicht so meinte. Wenn jemand über ein Praktikum im Ruhrgebiet erzählte und ich darauf mit einer Geschichte aus Copake antwortete, hatte das aus meiner Sicht nur damit zu tun, dass ich eine Parallele zwischen meiner und der Erfahrung des anderen sah, und wenn jemand über ein Erlebnis aus den Sommerferien sprach und mir dazu eine Anekdote aus New York einfiel, erzählte ich sie, weil sie aus meiner Sicht halt passte. Meist waren es die anderen, die so taten, als wäre das eine nicht mit dem anderen vergleichbar, oder auf meine Geschichten so reagierten, als würde ich sie nur erzählen, um demonstrativ darauf hinzuweisen, dass ich in Amerika gewesen war. Wobei irgendwie auch impliziert wurde, dass ich meine Erfahrungen aufregender fand als ihre, nur weil sie in den USA stattgefunden hatten. Was nicht stimmte. Ich war mir des Privilegs, das Copake und der New-York-Sommer bedeuteten, schon vor meiner Abreise sehr bewusst gewesen. Mir war klar, dass viele Familien es sich nicht hätten leisten können, ihr Kind fürs Praktikum ins Ausland zu schicken, oder es manche Eltern aus Unkenntnis oder Vorsicht gar nicht erst erlaubt hätten. Umso dankbarer war ich, dass meine Eltern mir diese Chance gegeben hatten.

Um nicht überheblich zu wirken, achtete ich darauf, wie und was ich erzählte. Dass es trotzdem als hinkender Vergleich gelesen wurde, fand ich irgendwann anstrengend. Das ständige Abwägen der Komplexe der anderen mit meiner eigenen Sorge, arrogant zu wirken, überforderte mich. Also erzählte ich nicht mehr viel.

Abgesehen davon gab es natürlich ein paar Storys, die ich generell nicht ausplauderte. Nirgends. Die Drogengeschichten und der LSD-Trip waren Wotans und mein Geheimnis. Es war wie unser Gral. Wir hätten beide nur Ärger bekommen, wenn irgendwer, vor allem unsere Eltern, davon Wind bekommen hätten. Ich sprach nie darüber. Erst Jahre später fiel uns auf, dass wir das damals nie vorsätzlich verabredet hatten, dass solche Geschichten unter uns blieben, aber trotzdem beide nie daran gezweifelt hatten, dass auch der andere sie für sich behalten würde. Ich fand das einen schönen Beweis für das untrennbare Band und für das Vertrauen, die sich zwischen uns entwickelt hatten – ein Vertrauen, das keiner Erklärungen mehr bedurfte.

Was unsere Abmachung vom Ende der Nacht nach unserem Energierausch betraf, dauerte es dann doch noch ein bisschen, bis ich ihr Taten folgen ließ.

Zum Ende unseres ersten Sommers in New York hatte ich für ein paar übermütige Momente geglaubt, ich würde auf der Stelle alles hinschmeißen und ein neues Leben bei Wotan in Berlin anfangen. Aber als ich zurück in Deutschland war, kam ich recht schnell auf den Boden der Tatsachen zurück und erkannte, dass es vermutlich schlauer war, die Schulzeit bis zum Abitur noch zu erdulden. Das tat ich. Nicht mehr, aber auch auf keinen Fall weniger. Eigentlich ging es die ganze Zeit nur noch um zwei Fragen: Wann fliegen wir wieder nach New York? Und was soll ich in Berlin eigentlich noch machen, außer mit Wotan zusammenzuziehen? Zwischenzeitlich kam noch eine dritte hinzu: Wie bringe ich meinem Vater bei, dass ich nicht zur Bundeswehr gehe?

Vorab: Ich hätte auch gar nicht gehen müssen, wenngleich ich bei der Musterung war, denn ich war der drittgeborene Sohn und damit von der Wehrpflicht befreit. Diese Tatsache entsprang einem Nachkriegsgesetz aus alten BRD-Zeiten. Haben die beiden erstgeborenen Söhne gedient, konnte sich der dritte weiter dem Betrieb, Hof oder was auch immer widmen.

Während die New-York-Erfahrungen und mein Bruder mich, so abgedroschen es klingt, ein gutes Stück reifer, reflektierter und selbstbewusster machten, kostete es mich große Überwindung, meinem Vater ins Gesicht zu sagen, dass ich nicht zum Bund wollte. Ich musste ja auch nicht, es wäre freiwillig gewesen.

Aber es kam anders, als ich es erwartet hatte. Es überraschte mich sehr, wie gelassen er die Nachricht aufnahm. Fast schon voller Liebe. Er akzeptierte, dass ich eine freie Entscheidung getroffen hatte. Das zählte mehr, als dass diese Entscheidung seinen Erwartungen entsprach. Eine beachtenswerte Haltung, die meinem Vater als ehemaligem Berufssoldaten sicherlich nicht leichtfiel.

Nachdem die Bundeswehrhürde genommen war, ging es nur noch darum, ein halbwegs vernünftiges Abi hinzubekommen und dann schleunigst nach Berlin zu ziehen. Zwischendurch ging's noch zweimal mit Wotan nach New York. Was sich jedes Mal wie eine Heimkehr für uns anfühlte und irgendwann dazu führte, dass MC Crown zu DJ Zeze umfirmierte, der im Bochumer Café du Congo und im Planet House-Platten auflegte. In meinem Plan, mit Wotan zusammenzuziehen, fühlte ich mich sowieso nach jeder Reise zusätzlich bestärkt. Ihm ging es genauso. Das wusste ich. Auch ohne dass er es ausdrücklich sagte. Es bedurfte keiner Erklärung. Außerdem hatten wir es ja so abgemacht.

ALLES OFFEN

Als ich Anfang der Neunziger nach Berlin zog, kannte ich die Stadt bisher nur von meinen Besuchen als Punk im Kreuzberg vor der Wende. Da hatte ich die morbide Romantik der Hausbesetzer-Szene und die Konzerte im SO36 mitbekommen und die ganzen Leute getroffen, die eigentlich nur nach Westberlin gegangen waren, um nicht zum Bund zu müssen, weil es dort keine Wehrpflicht gab. All das schien nicht nur räumlich vom Rest der Bundesrepublik abgeschnitten, sondern auch mental. Westberlin war eine Insel, eine Parallelwelt. Wenn du dort warst, warst du raus aus der Republik. Einerseits frei, aber trotzdem eingemauert. Irgendwie in der Großstadt, aber auch gestrandet in der Provinz, unter Menschen, in denen das latent aggressive, missgünstige, spießige und preußische Wesen kumulierte. Plakativ gesprochen: Wenn du in New York aus Versehen jemanden anrempeltest, drehte er sich zu dir um und entschuldigte sich mit »Excuse me«, wenn dagegen in Berlin jemand *dich* anrempelte, wurdest du zusätzlich angeschnauzt mit: »Haste 'n Problem, oder watt?«

Ich hatte nie den ausdrücklichen Wunsch, nach Berlin zu ziehen, wie so viele andere aus meiner Generation und meinem Umfeld. Dass ich es 1990 trotzdem tat, war eigentlich nur der Tatsache geschuldet, dass es dort den Studiengang Gesellschaft und Wirtschaftskommunikation gab, der damals neu in Deutschland war und nur an der Universität der Künste Berlin angeboten wurde, eine Art Hybrid aus Kunst und Volkswirtschaft, wobei Wirtschaft ziemlich das Letzte war, was mich interessierte. Darauf hatte mich eine Bekannte aufmerksam gemacht, die wusste, dass ich irgendwas mit Kunst machen wollte, mit Malerei, aber keinen Bock hatte, nur mit esoterischen Kunststudenten abzuhängen, die den ganzen Tag rumlaberten, Tee tranken und Dozenten anhimmelten, die ich aber insgeheim verachtete, weil sie selber nichts konnten, außer in Ateliers rumzustehen und sich für uns völlig bekloppte brotlose Projekte auszudenken. Am liebsten wäre ich ganz oldschool bei einem Maler, dessen Arbeiten ich schätzte, in die Lehre gegangen, aber diese Art der Ausbildung gab es schon damals nicht mehr. In die Lehre gehen kann man nur in Handwerksbetrieben. Warum eigentlich?

Weil ich mit meinem guten Abitur und der Wehrdienstzeit keine N.-c.-Hürde fürchten musste, wurde ich sofort angenommen. Mein neuer Studiengang war immerhin an der Universität der Künste, und so war ich oft umgeben vom Geruch von Farbe, Papier und Pinselreiniger, den ich so sehr mag. Ich flog direkt von New York nach Berlin und hatte schon ein paar Tage nach meiner Rückkehr nach Deutschland die erste Vorlesung. Ich war hoch motiviert, hungrig nach geistiger Arbeit, glühte vor Erkenntnisdrang und morgens um sieben immer der Erste, der im Hörsaal saß.

Aber das Berlin hatte sich wie ich verändert, es war keine Insel mehr. Ich werde nie vergessen, wie ich vom Mauerfall erfuhr. Da war ich noch beim Bund. Plötzlich gab's den Befehl, dass wir alle im Innenhof der Kaserne antreten sollten. Dort hielt der Kommandant eine Ansprache und erzählte, die Mauer in Berlin sei gefallen und die BRD und die DDR auf dem Weg zur Einheit. Als ich das hörte, war ich so euphorisiert, als wäre etwas ganz Wichtiges wieder zusammen, ich persönlich fühlte mich beseelt und fröhlich, als wäre es meine Mauer gewesen, und dachte dabei natürlich auch an meine Familie und Freunde. Witzigerweise fiel mir unvermittelt ein, dass es im Grundgesetz die Präambel gab, nach der die Verfassung der Bundesrepublik nur bis zur Wiedervereinigung Deutschlands gelten sollte. Bedeutete das, dass der Mauerfall den Weg von der Demokratie zur totalen Anarchie frei machte? Bei dieser Vorstellung musste ich innerlich lachen. Persönlich bleiben die Tage und Wochen nach der Einigung ein ganz besonderes Erlebnis für mich, ich werde nie die Silvesternacht in diesem Jahr vergessen. Ein Ausnahmezustand der Freude. Überall Freude. Und Frieden. Und Vorfreude. DDR-Bürger, die am Ku'damm vorm Café Kranzler standen und die großen Leuchttafeln bestaunten; die verstopften Straßen ein Inferno aus Hupen und Blinken; die Mauer am Brandenburger Tor ein Meer aus Menschen, die ihre neue Freiheit immer noch nicht fassen konnten. Da hörtest du nirgends »Haste 'n Problem, oder watt?«, sondern die große Berliner Schnauze verstummte zu einem breiten Lächeln des Willkommens. So muss es sich anfühlen, wenn ein Krieg endlich vorbei ist. Wenn etwas friedlich und ohne Blutvergießen gelöst wird. Wir haben alle die Kraft gespürt, die immer in uns allen steckt, wenn wir uns einig sind. Man konnte den Frieden förmlich anfassen in der Stadt. Und ich war ständig gerührt von den ganzen kleinen und großen Momenten, hätte alle Menschen in den Arm nehmen können und wahrscheinlich auch dürfen. Und das alles war geschehen, weil die Menschen ihre Freiheit wollten. Denn ohne Freiheit ist alles nichts wert.

Nach einiger Zeit fing das Studium an, mich zu langweilen. Die Kommilitonen, die zwar artig alles mitschrieben, aber eigentlich die ganze Zeit nur nach links und rechts schielten und Freunde finden wollten, fand ich uninteressant, die Vorlesungen boten selten Überraschungen, der monotone Rhythmus und der Mangel an Herausforderungen schläferten mich ein. Also suchte ich mir was Aufregenderes, um meine Energie loszuwerden. Das Berliner Nachtleben. Als Zeze im Sommer 1993 zu mir nach Berlin zog, war mein Haupttätigkeitsfeld schon lange nicht mehr das Studium an der HdK. Ich war mittlerweile Türsteher in einem illegalen (was sonst!) Laden und war mehr in den Clubs unterwegs als in der Uni. Das Studium habe ich natürlich nebenbei weitergemacht und mit dem Diplom abgehakt.

MÜNZSTRASSE

Nachdem ich mein Abitur bestanden hatte, stopfte ich meinen alten Polo bis unters Dach mit meinem Kram voll, und es ging direkt auf die Autobahn Richtung Berlin und damit zu meinem Bruder.

In Berlin schlossen sich Kreise. Zwischen Vergangenheit und Zukunft. Zwischen Ost und West. Zwischen Wotan und mir. Vieles, was wir in New York erlebt hatten, wiederholte sich hier in abgewandelter Form. Wo wir in New York Zeuge des Aufbruchs der House-Kultur geworden waren, wurden wir es in Berlin von der explodierenden Technowelle. Wo wir in New York durch den Staub des noch unsanierten East Village getanzt waren, taten wir es in Berlin zwischen den leer stehenden Häusern in Mitte. Wo wir in New York Grenzen und Grenzenlosigkeit amerikanischer Freiheitsversprechen erkannten, erging es uns in Berlin genauso mit den Verheißungen der Deutschen Einheit.

Aus heutiger Sicht sehe ich die ersten Jahre nach meiner Ankunft in der Stadt als einen Prozess des Ertastens, Auslotens und Begreifens einer Leichtlebigkeit, die ich ohne den New-York-Sommer und meinen Bruder vielleicht nie zugelassen hätte. Ähnlich wie Wotan war auch ich fürs Studium, in meinem Fall Philosophie, Soziologie und Psychologie, bald nur noch pro forma eingeschrieben. Mit dem Unterschied, dass er sein Studium irgendwann beendete und ich lediglich bei gefühlten drei Vorlesungen anwesend war.

Was in Berlin dann aber anders war als in New York: Wir mussten arbeiten. So konnten wir uns dank diverser Nebenjobs ganz passabel über Wasser halten. Wotan modelte neben seinem Studium, und ich baute mehr schlecht als recht einen Modevertrieb auf, der mich viel herumreisen ließ.

Nebenbei erkundeten wir das Leben, die Menschen und die Leerstände der Stadt und tauchten immerhin so weit ins Nachtleben ein, dass wir es kurzzeitig zu Türstehern im 90 Grad brachten. Wotan sogar an zwei Tagen in der Woche, ich nur an den friedlichen Sonntagen und eher sporadisch. Das 90 Grad in der ehemaligen Autowerkstatt am Gleisdreieck war eher der glamouröse, etwas kultiviertere Gegenpol zu den eigentlichen Clublegenden der Nachwende: Planet, Tresor, Walfisch, WMF, E-Werk. Mein Bruder und ich waren in all diesen Läden unterwegs.

Das Ausgehen war in Berlin aber nicht mehr der bestimmende Teil unseres Alltags, doch auch hier empfanden wir die Clubkultur wie einen Zerrspiegel, durch den man sich sowohl die Vergangenheit als auch die Gegenwart der Stadt erschließen konnte. Das Planet an der Spree residierte in einer alten Seifenfabrik, das E-Werk war vorher ein Umspannwerk gewesen, der Tresor lag im ehemaligen Tresorraum des Kaufhauses Wertheim, das WMF verdankte seinen Namen der Tatsache, dass seine erste Heimstatt das einstige Gebäude der Württembergischen Metallwarenfabrik war, und so weiter. All diese Gebäude, die früher eine Funktion für die Wirtschaft und Versorgung der Stadt gehabt hatten, standen nach der Wende leer und wurden dadurch zum Spielplatz von DJs und Partyveranstaltern, die wegen den teilweise illegalen oder provisorischen Nutzungen wiederum ein Stück weit Spielbälle der Verhältnisse waren und häufig umziehen mussten. Besonders rastlos war das WMF. Da gingen wir ganz gern hin, weil dort auch mal Hip-Hop gespielt wurde. Aber der Club war ständig woanders. Erst beim Tresor um die Ecke, dann im Untergrund am Potsdamer Platz, dann am Hackeschen Markt, dann im Johannishof. Man musste flexibel und offen sein in dieser Welt der ständigen Verschiebung und Veränderung. Hartgesotten manchmal auch. Aber genau das hatten Wotan und ich ja bereits in New York zu schätzen gelernt.

Wenn ich daran denke, wie viele Nächte wir im Tresor verbrachten, obwohl mir die Musik dort eigentlich viel zu hart war … Doch ich blieb, weil es mir einen Energieschub verpasste und ich dort nahezu alle Leute kannte. Oder wenn ich mich an die abgeranzten After Hours im Walfisch erinnere, in denen sich die Leute in ihrem bedingungslosen Auflehnen gegen das Ende der Nacht beim Tanzen fast schon selbst aufgaben. Die Arme hochzuwerfen und Hüften kreisen zu lassen, war hier eher nicht das Ding. Dafür eignete sich Techno nicht. Das Tanzen war eher ein Marschieren. Wilder, wilder Osten.

Mein Bruder und ich merkten schnell, dass die Feierkultur in Berlin eine andere war. Entfesselt zwar und auch illegaler als in New York und damit durchaus reizvoll, aber dafür auch ranziger und irgendwann auch spürbar unfreundlicher. Aber wahrscheinlich wurden wir auch einfach nur älter.

Wir könnten eine Menge über die Berliner Clubs der Neunziger erzählen. Aber da das vor uns schon so viele andere getan haben, und es nur bedingt mit unserer Geschichte als Brüder zu tun hat, haben wir uns dagegen entschieden. Zumal es ein Nachwendewunder gab, das für uns persönlich viel größere Bedeutung hatte als die Clubs: unsere eigene Eroberung einer Ruine in Mitte.

Weil Wotans Wohnung in Kreuzberg für uns beide auf Dauer zu klein war, wir aber weiter zusammenwohnen wollten, machten wir uns auf die Suche nach einer billigen Alternative. Über einen Freund von uns, Ali Kepenek, der später ein bekannter Fotograf wurde und uns oft begleitet hat, konnten wir schon bald ins Erdgeschoss eines vierstöckigen Hauses einziehen. Ehemalige Arbeitsstätten, die im Hinterhof eines schönen Gründerzeitgebäudes in der Münzstraße 21 lagen. Weil die Eigentumsverhältnisse nicht geklärt waren, vermietete uns die Wohnungsbaugesellschaft Mitte, WBM, die Etage für 'n Appel und 'n Ei. Wir waren selig.

Oben residierte eine Schneiderin mit ihrem kleinen Modelabel, darunter Ali Kepeneks Studio und Wohnung, dann eine Tischlerei und ganz unten eben wir. Eine Besonderheit war, dass wir dank eines großen Tors theoretisch mit dem Auto ins

Wohnzimmer hätten fahren können, doch unser tonnenschwerer Tischkicker stand im Weg. Er wurde gefühlt permanent bespielt und brachte uns wegen des Lärms viel Ärger mit den Nachbarn ein, dazu Besuche der Polizei und Sehnenscheidenentzündungen.

Ein Problem unserer neuen Bleibe war der Strom: Wir hatten einen unfassbar laut brummenden Starkstromkasten im Vorraum, wie es in ehemaligen Betrieben üblich war, der Strom für sämtliche Etagen lieferte. Aber es existierten keine Stromzähler im Haus, was bei den Abrechnungen immer heikel war. Ali und den Tischler wird's gefreut haben.

Die Außenmauern hatten Einschusslöcher, der Putz bröckelte, tote Kabel hingen aus den Wänden – aber dafür gab es ohne Ende Platz. Den nutzten wir, um das New-York-Prinzip des Aus-Chaos-Struktur-Schaffens im großen Stil zu praktizieren.

Wie wir die Bude mieteten und das Ganze sukzessive renovierten, war ein Prozess, an den ich immer noch gern zurückdenke. Ein Provisorium folgte aufs Nächste, aber jeder Schritt, mit dem wir etwas mehr Wohnlichkeit schafften, war ein Erfolgserlebnis und ging mit dem Gefühl einher, ein Stück näher zusammengerückt zu sein.

Als Allererstes zimmerten wir einen großen Tisch, um dort die beiden MK2 Turntables und das Vestax-Mischpult aufzubauen, nebst ziemlich imposanter Boxen. Wir installierten außerdem einen Basketballkorb in unserem großen Hinterhof, der von allen Gästen und auch von uns selbst intensiv genutzt wurde. Ansonsten war unsere Einrichtung in jeder Hinsicht typisch für das Berlin jener Jahre. In den S-Bahn-Bögen in der Dircksenstraße waren damals noch Antiquitätenhändler angesiedelt, die alte Ostmöbel verkauften. Wenn schon Osten, dann richtig. Ab und an fand sich auch mal Sperrmüll auf der Straße, weil wieder irgendwo ein Haus saniert wurde.

Irgendetwas entdeckten wir immer. Und seien es nur bleibende Eindrücke. Einmal stiegen wir nachts in die verwaiste ehemalige Staatsdruckerei der DDR ein, die direkt bei uns nebenan lag. Was wir im Lichtschein der Taschenlampe vorfanden, war ein heilloses Durcheinander aus verstreuten Papieren, herausgerissenen Schubladen, Trümmern, Staub und Müll. Mittendrin lag auf einem zerbeulten, umgestoßenen Aktenschrank eine Metallkiste, in der Dutzende DDR-Blanko-Pässe vor sich hin rotteten – ein eindrückliches und, wie ich fand, sehr symbolträchtiges Bild.

Dann bauten wir das, was wir später den »Silbersee« taufen würden. Über eine Annonce erfuhren wir, dass ein Lagerbetrieb in Oberschöneweide billig Stahlplatten aus ehemaligen VEB-Beständen abzugeben hatte. Wir dachten, dass sie vielleicht dazu taugen könnten, den rissigen, feuchten Betonfußboden in unserem Wohnzimmer zu verkleiden. Der außerdem auf ewig mit diesem typischen Plastikbelag verklebt war, der zwar unzerstörbar wirkte, aber dafür nicht nur furchtbar hässlich war, sondern auch übel roch. Also fuhren Wotan und ich zu dem heruntergekommenen VEB-Betrieb hin und kauften circa einhundert V2A-Edelstahlplatten. Der Deal war: alle oder keine. Die riesigen Stahlbleche, etwa drei Meter mal 120 Zentimeter groß, waren auf der einen Seite beige lackiert, auf der anderen blank poliert und Überbleibsel einer missglückten Sanierungsmaßnahme eines Plattenbaus an der Leipziger Straße.

Die Platten luden wir auf einen dafür nicht geeigneten Pritschenwagen, was sich jetzt einfach anhört, aber die Dinger waren schwerer als erwartet, ziemlich unhandlich und hatten zusätzlich der Länge nach eine Falz, was wir leider erst vor Ort erfuhren. Nach einer längeren Irrfahrt durch zahlreiche Handwerksbetriebe, wo man uns konsequent den Vogel zeigte, konnte ein Schlossereibetrieb im Westhafen die blöden Kanten abschneiden, und wir hatten unseren stählernen Fußboden schon so gut wie verlegt. Leicht haben wir uns das Ganze nicht gemacht, aber nach drei Tagen und Hunderten von Schrauben konnte sich das Ergebnis sehen lassen.

Wir hatten jetzt aus der Not geboren einen einzigartigen Boden, der sanft schimmerte und das Licht zu jeder Tageszeit in einer anderen Intensität reflektierte. Das war unser Silbersee. Und so ziemlich alle waren neidisch, nein, wirklich alle.

Der Raum sprach sich, warum auch immer, herum und letztlich haben wir daraus sogar Kapital geschlagen, indem wir ihn des Öfteren als Showroom für Modelabels vermieteten. Selbstverständlich ohne Quittung. Der Nachteil der metallenen Oberfläche war allerdings, dass man jede umherhuschende Ratte darauf flitzen hörte, trotz lauter Beschallung. Ja, es gab so einige Ratten, die zunächst im unter Wasser stehenden Keller hausten und dann irgendwann auch versuchten, sich bei uns auszubreiten …

Rückblickend waren die zwei Jahre in der Abrissumgebung wie eine Berliner Antwort auf das Mokotov-Gefühl. Aber eben auch verbunden mit der Hinwendung zum Alltag oder Realismus, bei der wir trotzdem versuchten, die Leichtigkeit beizubehalten.

Hier liefen viele Fäden zusammen, die wir im Sommer '91 aufgenommen hatten, und wurden zu einem festen Band verwoben. Das losgelöste Freiheitsgefühl war zwar anders als in New York, aber doch ähnlich: das Fehlen von spießigen Regeln, die Vertrautheit, die Spannung des Neuen, das Feiern in den Nächten, aber auch das Bewusstsein, aufeinander achtzugeben, wie schon in New York, wo Wotan und ich selten getrennt nach Hause gegangen waren, eine wesentliche Größe war. Hier in Berlin bekam diese Größe eine neue, elementare Qualität als Urvertrauen. Etwas, was wir als Anker nach Berlin mitgebracht haben.

Bei Liebesbeziehungen redet man ja auch vom verflixten siebten Jahr, in dem sich angeblich entscheidet, ob eine Partnerschaft wirklich von Dauer ist oder nicht. Zwischen uns beiden schälten sich die Grundfeste, auf denen unser heutiges Verhältnis basiert, erstaunlicherweise in ziemlich genau dieser Zeitspanne heraus. Zwischen dem Moment im Ratinger Hof und unserem Auszug aus der Münzstraße lagen eben auch ziemlich genau sieben Jahre. Durch Zellteilung sind nach sieben Jahren sämtliche Körperzellen erneuert, sodass im Grunde jeder Mensch nach sieben Jahren ein anderer ist als davor. Auch wenn wir beide uns ständig änderten, das Urvertrauen blieb.

Danach hatte jeder seine eigene Wohnung, und unsere Lebenswege entwickelten sich trotz vieler Parallelen zunehmend unabhängig voneinander. Aber die tiefe und besondere Liebe, die wir aufgebaut hatten, blieb. Sie ist sozusagen unser Urvertrauen ineinander.

In unseren zweieinhalb Jahren Münzstraße veränderte sich Berlin-Mitte rasant. Die Stadt entwickelte sich zu einem Sehnsuchtsort, an dem jeder sein wollte, sogar Amerikaner zogen hierher. Und wir, wir waren schon wieder mittendrin.

Wo anfangs noch die einzigen Anlaufpunkte in der Straße das Münztelefon in der Toreinfahrt zu unserem Hinterhof und die Traditionskneipe Alt-Berlin mit dem legendären Schild »Das schönste aller Dinge ein schneller Schluck bei Heinz und Inge« waren (dessen Wirt uns gehasst hat, weil wir Wessis und ihm wohl zu bunt waren), machten sich schon bald die ersten hippen Cafés und Bars breit, in denen Studenten und arbeitslose Künstler kellnerten, die es zur Tugend erhoben, sich am Tresen stundenlang an ihrem Milchkaffee festzuhalten und Zeitung zu lesen, und dabei die Gäste zu ignorieren. Und wo zunächst noch die Wartburgs der ehemaligen Vopos durch die Straße geknattert waren, fuhren nun westdeutsche Streifenwagen. Schon bald parkten überall mehr und mehr dicke Westautos von Leuten, die die Ruinen inspizierten, um sie aufzukaufen, zu sanieren und zu kommerzialisieren, und damit den Grundstein für die Mietpreiskrise zu legen, unter der Berlin heutzutage leidet.

Aber unser Haus war noch lange nicht so weit: Im Keller, der fast komplett unter Wasser stand, fanden wir irgendwann eine sehr große britische Fliegerbombe, und die Ratten, die einem beim Aufstehen zusahen, machten es auch nicht unbedingt angenehmer. Es schien, als ob unsere Zeit hier vorbei sein sollte.

Wir hatten zunächst von einem Erbstreit profitiert, weil die Besitzverhältnisse nicht klar waren. Das war unser Glück.

Aber irgendwann bekamen auch wir Post und mussten ausziehen. Wie das WMF und die ganzen anderen Clubs mussten wir uns nun eine neue Bleibe suchen. Vor dem Auszug machten wir aber noch mal das, was für mich zum Sinnbild des Freiheitsrausches unserer Jahre zwischen den Ruinen wurde: Wir schauten uns den Berliner Himmel von unserem Dach aus an, tranken Bier und schmunzelten, die Dachpappe war durch die Hitze wieder einmal fast flüssig geworden. Hier oben war ohnehin ein besonderer Ort für uns, der uns einmal gutes Geld eingebracht hatte: Da man von unserem Dach einen sehr guten Blick auf den Funkturm des Alexanderplatzes hatte, klopfte eine Werbeagentur bei uns an, die dort oben ein Fotoshooting veranstalten wollte. Am zweiten Tag wollten dann auch wir etwas vom Kapitalismuskuchen abhaben, und so wurden 1000 Mark fällig. Eine Menge Geld damals.

Der Rest der Zeit waren glückstrunkene und, wie mir heute scheint, von jeder Sorge losgelöste Momente im Schutze dessen, was für mich bis heute die wohl größte und schönste Gemeinsamkeit zwischen New York und Berlin ist: der endlose, erst orange, dann rot und schließlich in tiefem Blau erstrahlende Himmel, der über der Stadt immer ein wenig höher und weiter wirkte als irgendwo sonst.

RAUSCH

Obwohl wir in Berlin insgesamt viel mehr Zeit verbracht haben, ist die eigentliche Quelle unseres Brüdergefühls immer New York geblieben. Die Dinge, die ich bis heute sofort mit Zeze verbinde, die Delis, Deep House, Sicilian Slice, »What's Fanta?«, sind alle in Manhattan entstanden. Dort hängt immer noch dieses Gefühl der Verbundenheit in der Luft, auch wenn sich die Stadt inzwischen brutal verändert hat und von der kaputten East-Village-Romantik nicht mehr viel übrig ist.

Es heißt ja oft, an Orte, die mit schönen Erinnerungen verbunden sind, sollte man nicht zurückkehren, um Enttäuschungen zu vermeiden. Das mag in manchen Fällen stimmen, aber New York war für mich, egal ob mit Zeze oder ohne ihn, nie eine Enttäuschung.

Da es zur Natur der Stadt gehört, dass sie sich ständig wandelt, nimmst du ihr den Wandel nicht übel. Klar ist es inzwischen schwirig, die Spuren aus dem Jahr 1991 zurückzuverfolgen. Unsere Freunde zogen irgendwann weg aus Downtown, Clubs wurden geschlossen, auf der einstigen Brachfläche der Obdachlosen steht heute eine Polizeiwache, aber die New Yorker Hitze im Sommer ist heute noch die gleiche wie damals, der Geruch von Roasted Chestnuts und Hotdogs ist unverändert da, und auch das erwartungsvolle Zittern in der Luft und die ständige Aufbruchsstimmung sind geblieben.

Vielleicht geht es auch nur uns so. Egal. Letztendlich hat New York sowieso immer viele verschiedene Realitäten gleichzeitig. Die vielen verschiedenen Zeiten leben in der Stadt nebeneinander. Die Moderne mit den Wolkenkratzern ist nur die Oberfläche. Und selbst die sind gemauerte Dokumente ihrer jeweiligen Epochen, wie das 1931 fertiggestellte Empire State Building. Aber die Stadt musste sich nie erneuern. Sie hat heute wie damals ihre marode U-Bahn, die schrottigen zweidrahtigen Verkabelungen und ihren fassadenhaften Nostalgie-Flair. Deshalb sieht sie an manchen Stellen auch heute noch aus wie in den Filmen aus den Siebzigern – »Taxi Driver«, »Ein Mann sieht rot«, »Der Pate«. Und irgendwie denkt man beim Blick auf das Empire State Building: »Wo ist denn eigentlich King Kong?«

Obwohl unsere Schauspielerei in diesem Buch keinen Raum einnehmen sollte, ist es doch bezeichnend, dass Zeze und ich beide Schauspieler geworden sind. Zwar jeder auf seine ganz eigene Art und nach seiner Vorstellung. Doch egal wie unterschiedlich, ist es doch wieder eine große Gemeinsamkeit, etwas, was wir teilen und worüber wir uns austauschen können. Wir haben beide gelernt, dass jedes Erlebnis, das einem widerfährt, dich irgendwie, und sei es noch so gering, verändert, bereichert und verwandelt. Und diese Verwandlung war etwas, was mich und meinen Bruder aufeinander zugehen ließ, uns einander nähergebracht hat. Und damit erstaunlicherweise uns auch uns selber. Je mehr man die Menschen, die einem etwas bedeuten, kennt und erkennt, wie unterschiedlich sie sind, erfährt man, wie man selbst ist. Die Wahrnehmung des anderen führt zur Wahrnehmung des eigenen Selbst. Als Schauspieler braucht es diese Fähigkeit, sich komplett in eine andere Person, eine Figur hineinzudenken, mit all ihren Gefühlen, Gedanken, ihrem Blick, ihrer Motivation und was sie antreibt.

Viel zu selten setzen wir das auch in der Realität, die uns am meisten beschäftigt, um. Warum eigentlich? Vielleicht, weil wir immer denken: Aber da muss ich ja etwas machen, etwas wagen, vielleicht etwas verlieren? Aber es ist genau andersherum. Genau dadurch, dass man sich selbst kurz vergisst und bereit ist, dem anderen zu folgen, verliert man nichts, sondern gewinnt etwas. Das tun wir viel zu selten. Mein Bruder und ich haben es gewagt. Und dadurch nicht nur den anderen gewonnen, sondern auch uns selbst.

UND FREIHEIT

Die erste umwälzende Veränderung in New York brachte Rudy Giuliani mit sich, der 1994 Bürgermeister der Stadt wurde und diese mit seiner Nulltoleranzstrategie und strikten Law-and-Order-Politik aufzuräumen begann. Spätestens danach wurden das East Village und Alphabet City immer sauberer und geleckter. Freiflächen, die im Sommer '91 nur uns und den Obdachlosen gehört hatten, wurden durch gesichtslose Wohnblöcke ersetzt. Unsere alten Anlaufpunkte verschwanden zusehends. Die Mokotov Gallery wurde '93 abgerissen, '94 war das Save the Robots Geschichte, '95 schloss die Sound Factory, '96 verließ Holger sein Mini-Apartment am Waverly Place, '97 stellte das Palladium den Betrieb ein, und so weiter. Carlton und Andrea zogen erst nach Chelsea, dann nach Harlem, was sich Ende der Neunziger vom ehemaligen Getto zum letzten Bezirk Manhattans entwickelte, in dem es noch erschwingliche Mieten gab. Wenn Wotan und ich in New York waren, wohnten wir weiterhin bei den beiden und lernten dadurch Harlem kennen. Trotzdem blieb unser New York immer Downtown – selbst nachdem hier im September 2001 ein zweiter Donnerschlag Amerika veränderte.

Tatsächlich verbinde ich damit eine ganz spezielle und persönliche Geschichte. Im Spätsommer 2001 war ich zum ersten Mal ein paar Wochen allein in New York, ohne Wotan, und wohnte erstmals nicht bei Carlton und Andrea, sondern in der Wohnung einer Bekannten im Financial District. Eigentlich war das eine Fünfer-WG, aber da alle Bewohner verreist waren, stand mir die große Wohnung zwei Wochen lang allein zur Verfügung. Ein totaler Luxus, wohl fühlte ich mich trotzdem nicht. Hielt ich die Fenster geschlossen, wurde es unerträglich stickig, ließ ich sie offen, wehten pausenlos Straßenlärm und Sirenengeheul herein. Außerdem war es ununterbrochen hell, weil es erstens keine Jalousien oder Vorhänge gab, und zweitens gegenüber eine Werbetafel hing, die auch nachts mit ihrem Strahlen und Blinken die Wohnung erleuchtete.

Das Apartment lag an der Südspitze Manhattans. Die sterilen, öden, fast schon toten Straßen hatten nichts mit der Energie und der Vielfalt des East Village zu tun, die mein Bruder und ich so liebten. Allerdings gab der Ausblick aus dem Fenster den direkten Blick auf den Südturm des World Trade Centers frei, schon etwas Besonderes. Weil ich wegen des Lärms schlecht schlafen konnte, saß ich oft am Fenster und beobachtete entweder das geschäftige Treiben auf der Straße oder sah hoch zum Turm, der bei Tageslicht wie ein grauer, gerippter Monolith in den Himmel ragte. Nach Einbruch der Dunkelheit, wenn in den meisten Büroetagen Lichter eingeschaltet wurden, begann die Fassade, wie eine LED-Matrix zu leuchten. Ich weiß noch, dass ich beim Hochschauen die Vorstellung, dass sich hinter jedem der zahllosen Lichtrechtecke ein Raum befand, in dem Menschen arbeiteten, Konferenzen abhielten und Geschäfte machten, gleichzeitig faszinierend und abstrakt fand. So fühlte sich die Magie der Wolkenkratzer an, die durch ihre gewaltigen Dimensionen den einzelnen Menschen zur Ameise schrumpfen ließen und dadurch sinnbildhaft die Gigantomanie des Mechanismus Großstadt verkörperten.

Während mich in diesen Wochen das Gefühl begleitete, mir stände alle Zeit der Welt zur Verfügung, gestaltete sich der Abend meiner Abreise hingegen sehr hektisch.

Ich war schon viel zu spät dran, als ich im Taxi den Hausschlüssel in meiner Hosentasche entdeckte und noch mal zurückmusste, um ihn wie verabredet in den Briefkasten zu schmeißen. Dann verpasste ich in Grand Central den Bus nach Newark zum Flughafen und nahm ein weiteres Taxi. Aber im Holland Tunnel herrschte natürlich Stau, ich war total verspätet, und der Flieger hob ohne mich ab.

»Don't be a slave of time« ging mir durch den Kopf, Andreas

Satz gegen Pünktlichkeit. Zum Glück erwischte ich noch eine spätere Maschine. Als ich endlich im Flieger saß, war ich schweißgebadet, ziemlich ausgelaugt und völlig übermüdet. Und wieder mal traurig, New York zu verlassen, auch wenn dieser Besuch ohne meinen Bruder etwas anderes war. Ich bekam gerade noch mit, wie wir abhoben, und schon schlief ich ein.

Nach einem gefühlt endlosen Flug mit zahlreichen Zwischenstopps kam ich endlich am frühen Nachmittag des nächsten Tages in Frankfurt an. Das Erste, was ich auf den Fernsehmonitoren im Terminal in den CNN-Nachrichten sah, war der Anblick der brennenden Türme des World Trade Centers. Ich dachte sofort an die Zeit mit Wotan, Carlton, Andrea, Holger und all jenen, die wir in unserer gemeinsamen Zeit dort kennen- und lieben gelernt haben – und die jetzt dort waren.

An dem Ort, wo Wotan und ich noch vor Kurzem einkaufen waren, lag jetzt alles in Schutt und Asche. Zu diesem Turm hatte ich in den letzten Wochen jeden Tag vom Fenster aus hochgesehen!

Ob den Schlüssel im Briefkasten noch jemand abgeholt hat, erfuhr ich nicht mehr. Ich weiß nur, dass das Haus stark beschädigt und infolgedessen abgerissen wurde. Die Tage nach den Anschlägen verbrachte ich voller Sorge darüber, ob Carlton, Andrea und Holger – mit denen ich zuvor täglich zusammen war – die Katastrophe heil überstanden hatten. Wotan und ich telefonierten ständig miteinander und versuchten gleichzeitig, unsere Freunde in New York zu erreichen. Wir kamen aber nie durch, weil die Kommunikation für lange Zeit zusammengebrochen war. Besonders um Holger sorgten wir uns, weil er zu der Zeit einen Job in der Nähe der Twin Towers hatte. Am Ende erreichten wir alle, und keiner war verletzt worden. Sie waren nur geschockt über das, was passiert war. Genau wie wir und die Welt, welche danach nicht mehr dieselbe zu sein schien wie vorher.

Die Zäsur, die 9/11 generell, aber vor allem für die Stadt New

York und das Reisen dorthin bedeutete, war extrem. Der ganze Kontrollwahnsinn, die Eyescanner, Fingerprints und völlig paranoiden Befragungen, die von da an die Einreise begleiteten, ließen die Illusion der Leichtigkeit schon zerplatzen, bevor man überhaupt in Manhattan angekommen war. Dort setzte sich das Ganze in martialischer Polizeipräsenz und Security-Sperren fort. Die schwebende Stadt, die wir im Sommer '91 erstürmt hatten, gab es nicht mehr. Ihr Freiheitsversprechen lebte nur noch in unseren Erinnerungen weiter. Diese erneuerten bei jedem House-Track, der irgendwo lief, jedem Verrückten, der auf der Straße rumbrüllte, und dem vielstimmigen Gewirr aus Sprachen und Dialekten, das auch jetzt noch durch die Bars dröhnte, die Zuversicht, dass unter den gesicherten und geglätteten Oberflächen noch immer das unbändige, chaotische Herz der Metropole schlug, deren unerschrockener energetischer Austausch zwischen Kulturen und Weltanschauungen uns einst so berauscht hatte.

Aus den politischen Schlüssen, die man aus 9/11 zog, lässt sich das Wesen dieser Freiheit ableiten: die Abwesenheit von Angst.

Den Amerikanern, bis dahin Weltpolizei, stellte sich eine ganz neue Situation. Plötzlich verwandelte sich alles, was nicht kontrollierbar war, zu etwas, das einem Angst machte und das es zu bekämpfen galt.

Aber lückenlose Kontrolle ist eine Illusion. Gesellschaften und Menschen brauchen gewisse Freiräume, um sich entfalten zu können, manchmal auch, um überhaupt erst zu sich selbst zu finden. Zu viel Kontrolle bedeutet das Ende jeder Freiheit, Offenheit und Kreativität. Dieser Gedanke kann Angst hervorrufen.

Aber eine Schlüsselerkenntnis, die ich aus unseren Amerikareisen und insbesondere dank meines Bruders erlangt habe: Es gilt, genau diesen Kampf gegen die Angst anzunehmen, sich nicht vor ihr zu verstecken und sich dem zu stellen, was uns zunächst unbekannt oder unbequem erscheint. Man darf sich von der Angst nicht zum Schweigen bringen lassen, sondern im Gegenteil, eher sollte man sich fragen, woher sie kommt.

Wenn man einmal echte Freiheit erfahren hat, geht es vermutlich nicht mehr ohne sie, und wer einmal diesen Erkenntnisgewinn des Durchbrechens der Komfortzone erfahren hat, wird ihn mit großer Wahrscheinlichkeit erneut suchen.

Ohne meinen Bruder hätte es diesen Sommer '91 in New York nicht gegeben, ich wäre vermutlich nicht nach Berlin gezogen und Schauspieler geworden. Da wir beide für die klassische Schauspielschule bereits zu alt waren, nahm ich Schauspiel-Workshops, bewarb mich mithilfe meines Bruders bei einer Agentur und versuchte mein Glück. 2004 ergatterte ich eine meiner großen Rollen in einem Kinofilm, der gleichzeitig den ersten Dreh mit Wotan bedeutete.

Dass die Dreharbeiten zu »Cowgirl« wegen des chaotischen Casts und der Alkohol- und Cannabis-Exzesse einiger Kollegen ein kleiner Kulturschock für mich darstellten, erwähnte ich bereits im Prolog. Aber sie waren auch deshalb denkwürdig, weil ich gleich in meiner ersten Szene jemanden verprügeln musste – und zwar ausgerechnet Wotan.

Ich hatte keine andere Wahl, denn das Szenario sah folgendermaßen aus: Ich war einer von drei Gangster-Brüdern, die Wotan entführt und in den berüchtigten Safari Club auf Sankt Pauli verschleppt hatten. Dass wir an Originalschauplätzen drehten, machte das Ganze extra speziell, denn das Safari war der letzte Club Hamburgs, in dem damals noch live auf der Bühne gevögelt wurde. Einmal stand dort auch plötzlich Karate-Tommy von der Nutella-Bande im Raum, weil er einen Kurzauftritt hatte. Seinen Händedruck werde ich nie vergessen.

Wotan hing in der Szene kopfüber von der Decke, an Füßen und Händen gefesselt, während ich ihn mit einem Nunchaku bearbeiten musste, diese asiatischen Würgestangen, die durch eine Kette verbunden sind und mit denen Bruce Lee in seinen

Filmen gerne rumgewirbelt hat. In Deutschland sind sie verboten, aber ein Bekannter aus Luxemburg besorgte mir eines, und in einem koreanischen Kulturverein erlernte ich die Basishandhabung, was natürlich genauso wenig erlaubt war. Nachdem mir die Stöcker nicht mehr ständig ins Gesicht schlugen, war ich bereit.

Aber in dem Moment, als ich meinen Bruder da kopfüber hängen sah, ging mir alles richtig nah: Die immer dicker werdenden Adern auf seiner Stirn, der schmerzvolle Gesichtsausdruck, von dem ich nicht wusste, ob er echt oder gespielt war, die Kollegen, die ihre Zweizeiler nicht aufsagen konnten und dadurch die Strapazen für Wotan nur verlängerten. Mir ging ja sowieso schon die Düse, allein schon wegen der Größe des Projekts und der Prominenz der Kollegen. Aber das Risiko, meinen eigenen Bruder zu verletzen, verschlimmerte das Ganze noch.

Aber es ging alles gut, wie so oft, wenn wir zusammen waren. Ich merkte, dass dieser Beruf etwas Magisches bereithält, das mir Energie gab und mich vollumfänglich in seiner Kraft und seinen Anforderungen aufnahm. Trotz oder gerade wegen der anfänglichen Unsicherheiten. Aber wie ich mit dem Unbekannten und den Unsicherheiten umgehen sollte, erschloss sich mir aus der Zeit, die ich mit meinem Bruder zusammen verbrachte.

»Cowgirl« wurde für mich zu einem wichtigen Film, weil sich dort neben den persönlich prägenden Erfahrungen auch Freundschaften verfestigten, darunter die mit Regisseur Mark Schlichter – und weil es für Wotan und mich unser erster gemeinsamer Dreh war. Für mich war es schön, dass wir uns bei der Arbeit zusehen und abseits des Sets austauschen konnten. Dabei bestätigte sich einmal mehr, dass wir auf Augenhöhe miteinander sprachen. Obwohl Wotan schon viel mehr Erfahrung mit Filmdrehs hatte, versuchte er nie, mir reinzureden oder vorzuschreiben, dass ich bestimmte Dinge zu tun oder zu lassen hatte. Damit half er mir sehr. Manchmal muss man gar nicht viel reden, sondern seinem Gegenüber ein gleichwertiges Gefühl geben, und schon läuft es wie von selbst. Wenn man so will, war es wie bei meiner Ankunft in der Mokotov Gallery. Er hieß mich in einer Welt willkommen, die er viel besser kannte als ich, aber danach ließ er mich laufen. Dass ihm die Erfahrung trotzdem nicht gleichgültig war, zeigte der Abend der Premierenparty, als er mir an der Außenalster die Anker-Kiste schenkte. Lustigerweise fand dieser Abend ziemlich genau sieben Jahre nach unserem Auszug aus der Münzstraße statt. Man könnte also sagen, sie markierte das Ende unseres zweiten »Brüderjahrsiebts«. Wir waren erwachsen geworden, gingen unsere eigenen Wege und blieben einander trotzdem nah und treu. Als Anker.

ANKER-LICHTEN

Erinnerungen können mit der Zeit verblassen, von weiteren Rückblicken überlagert werden, und es wird immer schwerer, sie wieder hervorzuholen, bis sie eines Tages vielleicht ganz verschwunden sind. Durch dieses Buch kann uns das für den Sommer 1991 nicht mehr passieren.

Ehrlich gesagt waren wir zunächst etwas erstaunt, als man auf uns zukam und uns fragte, ob wir nicht Lust hätten, zusammen ein Buch zu schreiben. Weil es doch eine besondere Geschichte werden würde: zwei Schauspieler, zwei Brüder, die zwar beide sehr unterschiedlich sind, die aber so viel zusammen erlebt haben und so viel teilen. Aber lange mussten wir nicht überlegen, denn uns wurde schlagartig bewusst, dass es in unserem jetzigen Leben mit all seinen Verpflichtungen, mit unseren Familien, unserer Arbeit und einem ständig neu fordernden Alltag eine solche Gelegenheit wahrscheinlich nie wieder geben würde, das alles festzuhalten. Festzuhalten, vor allem auch für uns.

Als wir uns schließlich die Zeit nahmen, diese Texte aufzuschreiben, erkannten wir unabhängig voneinander noch einmal, welcher ganz besondere Lebensabschnitt die beschriebene Zeit vor fast einer Generation für jeden von uns war – und das, obwohl wir beide uns fast immer an verschieden Orten und zu anderen Zeiten damit beschäftigten.

Es war vor allem dieser Sommer 1991, in dem wir beide viel von dem zurückließen, was uns bis dahin ausmachte, und bereit waren, Unbekanntes und Neues anzunehmen, um ein wenig mehr zu dem zu werden, wer wir wirklich sind.

Das aber war so nur möglich, weil wir jene freiheitliche Erziehung in unserem Elternhaus erfahren durften, welche zur Grundlage für alles Weitere wurde. Und natürlich, weil wir zur richtigen Zeit am richtigen Ort den richtigen Menschen begegnen durften. Das nennt man wohl Schicksal.

Die Vergangenheit noch einmal zu erleben und sie möglichst genau nachzuzeichnen, hat etwas Versöhnliches, es erfüllt uns nicht nur mit Freude, sondern auch mit großer Dankbarkeit. Manchmal muss man innehalten, zurückblicken, um die Chancen und Erkenntnisse der Vergangenheit zu sehen. So kann dieses Buch auch als Aufruf verstanden werden, es uns gleichzutun und sich diese Zeit zu nehmen.

Neben der großen Freude und dem Privileg, sich an diese Momente, von denen es noch unzählige mehr gab, zurückzuerinnern, wurde uns auch bewusst, dass es erneuten Mutes bedarf, diese mit jedermann zu teilen, sozusagen unseren Gral für alle zu öffnen. Je persönlicher wir in diesen Erinnerungen wurden, umso zerbrechlicher wirken sie jetzt, wo wir sie der Öffentlichkeit preisgeben. Aber ohne Mut hätte es keine dieser Geschichten gegeben!

Zwischen den Brüdern in diesem Buch und den Brüdern, die sie heute erzählen, liegt eine lange Zeit. Joanne Corno, die feinsinnige, starke Malerin aus Kanada, und Karin Kohlberg, deren Fotografien in Bildbänden fortbestehen, hat beide der verdammte Krebs geholt. Ihren letzten Wunsch, für immer in New York zu bleiben, haben wir erfüllt, ihre Asche ruht im Central Park. Andrea verlor seinen Kampf 2008, all seine Lebenslust konnte den Tod nicht aufhalten.

Am meisten aber fehlen uns unsere Eltern. Jeden Tag.

Während wir diese letzten Worte schreiben, blicken wir beide auf die kleine, alte, abgegriffene Holzbox mit dem Anker aus Messing, die die ganze Zeit auf dem wackeligen Tisch steht, an den wir uns gesetzt haben, um die letzten Zeilen gemeinsam zu schreiben, so wie sich das gehört. Wir schauen fast zeitgleich vom Anker auf, blicken uns an und wissen in dem Moment, was wir nicht verloren haben. Oder wen.

»Wann fliegen wir wieder nach New York?«, fragen wir gleichzeitig, lachen laut über diesen Moment und nehmen uns dann lange in den Arm. Wie sich das gehört.

DANK

Danke an alle, die unseren Zeilen bis hierhin gefolgt sind.

Für unser erstes Buch brauchten wir natürlich viele Helfer, eine verständnisvolle Betreuung und einen sehr geduldigen Verlag, wir danken dem Lektorat, der Herstellung sowie der Presse-, Marketing- und Veranstaltungsabteilung.

Außerdem danken wir Dennis Sand für das Fundament, herzlichen Dank an Christian Lütjens, welcher nicht nur 24/7 erreichbar war, sondern auch die unfassbare Gabe hat, Wotans gekritzelte Notizen als Schrift zu deuten. Danke auch an Jasmin Schreiber. Natürlich danken wir auch unseren anderen Geschwistern für ihre Hinweise und ihr Vertrauen. Auf, dass wir Weihnachten immer zusammen feiern!

Ein weiterer Dank gilt allen Freunden und Weggefährten, die Teil dieser Geschichte und damit auch ein Teil von uns sind!

Für immer danke an Carlton, Andrea, Holger, Ainsworth P. Ali, Joanna, Pia und die Mokotov-Familie.

Sönke:
Danke an meine Frau Liesa und an unseren wundervollen Sohn Ludwig für Eure Rücksicht und Euer Verständnis, welche in der Endphase dieses Buches sehr gefordert waren.
Danke an Sire, Marleen Dippner und Mark Schlichter.
Und danke an Wotan, Keep the Spirit, One Love!

Wotan:
Ich danke von ganzem Herzen meiner Familie, besonders meinen Kindern, den tollsten der Welt, für ihre Geduld und ihr Verständnis in der Schlussphase dieses Buches. Ich liebe Euch!
Und ohne Anna hätte ich wahrscheinlich aufgegeben. Danke dafür.
Und ich danke meinem kleinen Bruder für die Zeit. Forever. U know!